Cwyn y Gweithwyr a Cherddi Eraill
R. J. Derfel

Roedd Robert Jones Derfel (1824-1905) yn fardd, traethodydd, llyfrwerthwr a chyhoeddwr, ac fe'i cofir yn bennaf heddiw fel cenedlaetholwr cynnar ond yn anad dim fel un o arloeswyr y mudiad Sosialaidd yng Nghymru. Yn hytrach na chystadlu mewn Eisteddfodau, defnyddiodd ei farddoniaeth er mwyn amlygu gwirioneddau anodd Prydain y bedwaredd ganrif ar bymtheg: tlodi, anghydraddoldeb, hawliau gweithwyr, ac agweddau at ferched.

Y detholiad hwn o'i farddoniaeth yw'r cyntaf i gael ei gyhoeddi ers dros canrif. Wedi'i gynnwys hefyd mae rhagymadrodd gan D. Ben Rees, sydd wedi cyhoeddi nifer o lyfrau ar dreftadaeth sosialaidd Cymru.

Llun y clawr:

Y Streic yn Rhanbarth Charleroi (1886)
Robert Koehler (1850 – 1917)
Statws llun: Parth cyhoeddus

Hawlfraint y testun diwygiedig yn y gyfrol hon:
©Melin Bapur 2025

Ni ellir atgynhyrchu unrhyw ran o'r llyfr hwn heb ganiatâd, ac eithrio at ddibenion adolygiad llyfr.

Cedwir pob hawl.

ISBN:
978-1-917237-51-2

R. J. Derfel
(1824-1905)

Cwyn y Gweithwyr a Cherddi Eraill

Gyda rhagymadrodd gan
D. Ben Rees

Llyfrgell Gymraeg Melin Bapur
Golygydd Cyffredinol: Adam Pearce

R. J. Derfel (1825-1905) tua 1875;
llun gan John Thomas.

Cynnwys

Rhagymadrodd i Fywyd a Gwaith Robert (Jones) Derfel (1824-1905) vii

Fy Ngwlad! Fy Ngwlad! 1

Ceiriog 2

Creuddynfab 3

Idris Fychan 4

Mynyddog 5

Robert Owen 6

Mae Cymru eto'n Fyw 8

Colofn Ardalydd Môn 10

Pe Gallwn, Mi Wnawn 12

Cymru Fydd 14

Dim ond Helbul Byth a Hefyd 16

Gruffydd Llwyd 18

Pwy yw dy Gymydog? 20

Cwyn y Gweithwyr 22

Mae Dydd o Ddialedd yn Dyfod 24

Clywch, Gymry, Clywch! 26

Dydd Gŵyl Dewi 28

Rhyfedd ŷnt i gyd 30

Chwaer, Cariad, Gwraig a Mam 32

Mae'r Had wedi cael ei Hau 34

Ceisiwch Eto 35

Y Pren ar y Llyn 36

Tyred, Arglwydd Iôr, i Lawr 42

Fy Nhad 43

Pymtheg Swllt y Mis 46

Gwerth yr hyn sydd gennyt 48

Mae Gweddi fy Mam ar fy Rhan 50

Gwyliau Llawen (1861) 52

Gwyliau Llawen 54

Cân ein Gwirfoddolion 55

Cwyn yr Eneth Lân Dlawd 56

Gweddi Gwaith 58

Bu Fyw a Bu Farw yn Weithiwr Tlawd 60

Ar i Fyny 62

Dragwyddol, Hollalluog Iôr 63

John Jones, Talsarn 64

Ar ôl Popeth daw Rhywbeth 68

Y Deyrnas 69

Mae'r Nos yn Dyfod 70

Galargan 72

Dihangfa y Caethwas 76

Canwch y Byd i'w Le 79

Deuwch i Gwmni Anian 80

Beddargraff R. J. Derfel 81

Mynegai Llinellau Cyntaf 82

Rhagymadrodd i Fywyd a Gwaith Robert (Jones) Derfel (1824-1905)
gan D. Ben Rees

Cefndir a gyrfa'r llenor a'r bardd

Ymhlith beirdd, llenorion ac awduron niferus y Gymraeg yn y bedwaredd ganrif ar bymtheg, mae'n ofynnol i ni roddi sylw i gyfraniad unigryw R. J. Derfel, a anwyd i deulu o Anghydffurfwyr mewn bwthyn llwm o'r enw Y Foty ym mhlwyf Llandderfel. Symudodd ef a'i rieni a'r plant eraill o'r Foty i Fryn Bedwen ac yna i Danyffordd. Roedd ei dad Evan Jones yn ddyddynnwr a phorthmon a'i wraig, Catherine (née Roberts) yn fam gydwybodol. Gofalodd ddysgu'r iaith a Christnogaeth iddo, a gofalu ei fod ef yn derbyn darpariaeth Ysgol Sul Capel yr Annibynwyr lle yr oedd ei dad yn ddiacon. Gadawodd fyd ysgol yn wyth oed a bu'n was bach cyn symud i ffatri wlân yng Nghefnddwysarn. Cafodd ddigon o fywyd caled y fferm ac un nos Sul yn 1834 wrth weld nifer o weision ffermydd yn cyfeirio at Langollen i gasglu calch, gofynnodd i un a'i hadnabu am gyfle i ddod gydag ef.

Roedd ganddo ewythr 'Ab Iorwerth', sef Jonah Roberts, bardd a brawd ei fam yn byw yn Cefn Mawr, a chafodd le i aros ganddo ef a chyfle i weithio fel gwehydd yn Llangollen. Trodd o fyd yr Annibynwyr i fyd y Bedyddwyr Cymraeg, a dysgu'r cynganeddion gan ei ewythr a fu yn gwerthu ei lyfrau pan symudodd i Ferthyr. Profodd Derfel gyfnodau o ddiweithdra a salwch am rai misoedd, a gadawodd Cefnmawr a Llangollen am ganolbarth Cymru. Bu yn gweithio mewn llu o ganolfannau, Croesoswallt, Glyn Ceiriog, yna yn ôl i Langollen, wedyn yn Llansantffraid ym Mechain, Llanfair Caereinion a phrofi dylanwad Siartaeth yn y tair tref, y Trallwng, y Drenewydd a Llanidloes. Gwelodd fel eraill fod gwell byd i'w gael dros Glawdd Offa, a theithiodd i Lerpwl ac oddi yno i Lundain. Treuliodd naw mis yn ardal Soho lle bu'n llafurio mewn ffatri, ond ni chafodd ei foddhau yn y naill ddinas na'r llall. Profodd â'i lygaid ei hun gyffro protest y Siartwyr yn Llundain yn 1849. Trodd yn ôl i Lerpwl lle ceid nifer fawr o Gymry Cymraeg, ond fel y tro cyntaf y bu yno, ni fu Cymry Pall Mall yn abl i'w gadw yn gysurus. Roedd fel dyn ar goll, heb wreiddiau, na dymuniad i setlo a gwneud y gorau o'i fyd. Penderfynodd symud ymlaen drachefn i Fanceinion lle cafodd hyd i'r cyfleon a ddymunai, a daeth y ddinas yn gartref iddo am 45 mlynedd. Er gwaethaf ei alltudedd daeth yn un o Gymry amlycaf ei ddydd, ac er ei fod yn falch o adael Llandderfel yn ddeg oed, daliai i hiraethu ym Manceinion am ei hen fro, fel y cawn weld yn ei farddoniaeth. Ymdaflodd i fyd yr Eisteddfod ac yn Eisteddfod Cymdeithas Genedlaethol Cymry Manceinion yn 1852, lluniodd bryddest i Lajos Kossuth (*heb ei chynnwys yn y gyfrol hon*), arweinydd cenedlaethol Hwngari. Roedd Derfel yn un o nifer o radicaliaid Cymraeg – roedd William Rees (Gwilym Hiraethog) yn un arall – a edmygai ffigyrau cenedlaethol tramor fel Kossuth a Garibaldi o'r Eidal.

Cefnodd ar gystadlu mewn eisteddfodau ar ôl y 1850au: o hynny ymlaen, hyrwyddo'i safbwyntiau gwleidyddol ymysg y werin oedd hanfod ei farddoniaeth, er gwaethaf ambell gerdd storïol fel y stori arswyd *Y Pren ar y Bryn*. Galwyd ef gan un o'i edmygwyr yn un 'o'r cenedlgarwyr pennaf a welodd ein cenedl ni erioed'. Bu ei symudiad o ardal Llangollen, a chyn hynny plwyf Llandderfel yn Ederyrnion, fel alltud i ddinas Manceinion yn arwyddocaol. Roedd ef erbyn y pumdegau o'r bedwaredd ganrif ar bymtheg yn perthyn i ddau fyd mor wahanol, y byd goleuedig Cymraeg ei iaith gyda'r capel Anghydffurfiol yn ganolfan, a'r byd prysur, caled, gyda'r dosbarth gweithiol yn ddioddef cryn lawer o boen a malltod. Gwyddom am yr hyn a welodd ef ym Manceinion trwy ysgrifau cyfaill mawr Karl Marx, sef Friedrich Engels, a luniodd gyfrol yn dinoethi'r esgeulustod ar ran llywodraethiant y ddinas a'r blinder a ddioddefai'r dosbarth gweithiol. Bu symud i Fanceinion yn chwyldroadol yn ei hanes. Pan ddaeth yno yn 1849 yr oedd bron yn uniaith Gymraeg, ond yn ddiymdroi meistrolodd y Saesneg, ac erbyn iddo ddod yn drafaeliwr mewn pedair blynedd yr oedd yn rhugl yn yr iaith fain. Bu yn briod ddwywaith gyda Chymry o ran iaith a chefndir, a chollodd ei wraig gyntaf, Maria merch Jonas Lee, Cymro blaenllaw yn y ddinas, ar enedigaeth plentyn. Daeth ei ail wraig o Rhuthun, Mary Jane Griffiths, a phriodwyd hwy ar 21 Hydref 1853, a ganwyd iddynt un ar ddeg o blant, Arthur, Caswallon, Ceridwen, Sophia, Catherine, Rhiwallon, Meirion, Mary Elizabeth, Edward Morus, Enid Anne a Louisa, a fu farw yn 1890 yn 13 oed. Canodd gerdd Saesneg er cof amdani. Bu ei briod farw ar 28 Rhagfyr 1898 yn 65 oed.

Chwaraeodd R. J. Derfel ran amlwg yng Nghapel Cymraeg y Bedyddwyr yn Granby Row a gwasanaethodd Cymdeithas Lenyddol Manceinion a dod i adnabod nifer dda o feirdd a chefnogwyr y byd Eisteddfodol, fel William Williams (Creuddynfab), y telynor John Jones (Idris Fychan), y telynegwr John Ceiriog Hughes (Ceiriog), a'r hynafiaethydd John Williams (ab Ithel). Bu yn barod iawn i ddarlithio i gymdeithas Gymraeg yr alltudion, ac ef oedd y ddolen gyswllt rhwng dau fyd iddynt. Y byd cyntaf oedd y byd radicalaidd. Gwasanaethodd Derfel ar Bwyllgor Gwaith

Cyngor y Diwygwyr (*Reform League*) gan gydweithio gydag Ernest Jones, un o arweinwyr Siartwyr Gogleddorllewin Lloegr. Yr ail fyd oedd byd gwleidyddol Plaid Ryddfrydol y Cymry Alltud. Galwodd am bleidlais i wragedd gerbron Cymdeithas Lenyddol Cambrian y ddinas ym Mai 1867, ac yna yn 1868 anerchodd Cymdeithas y Cymreigyddion Manceinion ar ryddid ymadrodd yr unigolyn. Bu'n weithgar i ddeffro'r Cymry a oedd yn meddu ar y bleidlais mewn etholiadau i'w defnyddio. Gellir ei alw fel y gwna Deian Hopkin fel 'cynnyrch cynnar y Chwyldro Diwydiannol'. Bu Engels yn rhan annatod hefyd o hyn yn ffatri ei dad a'i deulu. Erbyn hyn, coleddai Derfel syniadau a oedd yn ymylu ar sosialaeth. Ond erbyn canol y chwedegau, bu newid yn ei athroniaeth wleidyddol pan ddaeth o hyd i waith y Cymro a anwyd yn y Drenewydd, Robert Owen.

Roedd hyn yn 'dröedigaeth wleidyddol' yn ei bererindod. Daeth yn Sosialydd o ran argyhoeddiad. Rhoddodd syniadau Robert Owen o sosialaeth iwtopaidd gysur iddo yng nghanol ei drafferthion ariannol pan fethodd ei siop lyfrau. Teimlai fod Cymry Manceinion wedi'i fradychu trwy fod yn anghyson eu cefnogaeth i gylchgronau, papurau a llyfrau Cymraeg. Surwyd a siomwyd ef gyda'r canlyniad iddo droi ei gefn ar y capel lle yr ordeiniwyd ef yn Weinidog er mwyn mynychu eglwysi eraill, a phan sefydlwyd Eglwys Llafur (Labour Church), bu yn bleidiol iawn i'r sefydliad byrhoedlog hwnnw. Iddo ef, sosialaeth oedd crefydd y ddynoliaeth yng ngwir ystyr y gair.

Gwelir dylanwad Robert Owen yn ei ysgrifau gwleidyddol pan y dadleua ar y posibilrwydd o gydweithredu yn economaidd. Roedd byd gwell ar y gorwel. Mae'n amlwg iddo ddarllen yn fanwl gyfrol Robert Owen, *New Moral World*. Wrth ddadansoddi sosialaeth Derfel, rhaid cofio ei gefndir Cymraeg, a bod eraill o'i gymrodyr yn y ddinas fel yntau yn dra edmygus o'r arloeswr o Faldwyn, Robert Owen. Darlithiodd arno fel Sosialydd i'w gyd-Gymry.

Erbyn hynny, roedd Derfel yn un o arloeswyr pennaf cenedl y Cymry ar bwnc sosialaeth a'r mudiadau oedd yn gysylltiedig â'r athroniaeth. Ymunodd i ddechrau gyda phlaid Marcsaidd, y *Social Democratic Federation*, a reolid gan yr unben cyfoethog, H. M. Hyndman. Ni allai Derfel yn fuan iawn ddygymod â'i alwad am chwyldro, a dewisodd symud ei aelodaeth i Gymdeithas y Ffabiaid, a sefydlwyd yn 1884. Yn y gymdeithas hon ar gyfer deallusion ceid pwyslais ar ddadl, ffeithiau, rhesymu a pherswâd. Gwelir ei safbwynt Ffabiaidd yn ei gyfrol ar ddileu tlodi heb ddefnyddio grym a thrais. Ni allai ddygymod gyda phwyslais cymaint o sosialwyr ar ryfel dosbarth. Dywedodd fod 'rhyfel dosbarth yn fwy dinistriol i'r genedl gyfan, sef y werin, na holl frwydrau gwaedlyd y byd'. Gwelai gymdeithas wareiddiedig yn cael ei pherffeithio trwy godiad yn safon byw o fewn sefydliadau trwy gymorth addysg a gwybodaeth ac ymddygiad moesol rhwng yr unigolyn. Yn ei flynyddoedd olaf, cafodd gryn gymorth i ddatblygu ei sosialaeth trwy astudio'r athrylithgar William Morris. Clywodd ef William Morris ym Manceinion, ac i Derfel yr oedd Robert Owen a William Morris yn ddau sosialydd o arweinwyr y medrai ymddiried ynddynt.

Y gwir yw bod R. J. Derfel yn agosach yn ideolegol i William Morris nag yr oedd i'w gyd-Ffabiaid nac i arweinwyr Undebau Llafur a'r gymdeithas sosialaidd y bu Keir Hardie mor amlwg ynddi, sef y Blaid Lafur Annibynnol. Yn wir, aeth R. J. Derfel mor bell â datgan yn blaen yn ei lyfryn ar Sosialaeth bod sosialaeth yn gyfystyr â Chomiwnyddiaeth. "Communism is Socialism, Socialism is Communism," meddai.

Ac eto nid anghofiodd Derfel ei wreiddiau Cymraeg fel y gwelwn yn ei farddoniaeth a'i frwdfrydedd dros fro ei febyd, ei aelwyd, ei dad a'i fam a'i gyd-Gymry llengar ym Manceinion. Daliodd i gymdeithasu gyda Chymry Manceinion (er iddo am gyfnod droi ei gefn arnynt), a daeth yn nyddiau ei rym yn Is-Lywydd Cymdeithas Genedlaethol Cymry Manceinion. Bu yn ei hannerch yn flynyddol. Ei ddelfryd oedd gweld daear Cymru a'i holl drysorau, fel glo, mwynau, chwareli a thir amaethyddol yn perthyn i'r Cymry oedd yn byw yn y wlad brydferth baradwysaidd.

Daliodd i ysgrifennu yn helaeth a chyhoeddi pamffledi ar bob testun a'i feddiannodd. Bu ei erthyglau ar 'Cymdeithasiaeth' i'r *Cymro* a gyhoeddid gan Isaac Foulkes yn Lerpwl, ac i *Llais Llafur* a *Cwrs y Byd* trwy'r nawdegau, yn gyfraniadau cwbl nodweddiadol ohono. Ysgrifennodd 57 o erthyglau o dan ei ffugenw 'Socialist Cymreig'. Daeth cryn lawer o'r deunydd o bamffledi'r Ffabiaid, ac erbyn 1896, gallai'r *Faner* ei alw yn 'Sosialydd Cymreig adnabyddus o Fanceinion'. Daeth y Gweinidog ifanc T. E. Nicholas, 'Niclas y Glais' (1879-1971) yn ddisgybl cywir iddo gan barhau ei waith fel propagandydd Sosialaidd a bardd y werin. Roedd cylch Derfel ym Manceinion yn wahanol iawn i fyd Hardie ym Merthyr a Niclas yn y Glais, Cwm Tawe. Gwir y dywedodd y *Faner*: 'Y ffaith yw, y mae Derfel wedi bod yn byw ymhell o flaen ei oes.' Nid ef oedd yr unig un i fynegi'r fath syniadau yn y Gymraeg, ond ef y mwyaf toreithiog mewn barddoniaeth a rhyddiaith. Bu farw ym Manceinion yn 1905 cyn i'r Blaid Lafur ddod yn amlwg yng Nghymru, stori a gofnodir yn y gyfrol *Cyd-ddyheu a'i Cododd Hi*.

Daeth y Cymry ynghyd i Amlosgfa Barlow Moor Road, Didsbury ym Manceinion i'r arwyl a thalwyd coffâd iddo gan un o arweinwyr Cymry Manceinion, Dr Ernest Jones.

Ei Farddoniaeth

R. J. Derfel yw un o feirdd pwysicaf y bedwaredd ganrif ar bymtheg, nid yn gymaint o ran ei grefft, ond yn y pynciau y mae ef am i'r Cymry eu hystyried. Yn wir, y mae'r beddargraff a luniodd iddo ef ei hun, *Beddargraff R. J. Derfel*, yn crynhoi ei gyfraniad pwysig:

> Carodd ei genedl, curiodd i'w gweini,
> I gyrraedd ei henaid gwariodd ynni;
> Teimlodd yn dost a dadleuodd drosti –
> Teimlodd a chanodd mewn hedd a chyni;

Ei nod oedd ennill calonnau'r werin at sosialaeth Gymreig. Dyna a gawn yn ei gerdd *Pe Gallwn, Mi Wnawn*. Sosialaeth ymarferol sydd ar waith a dyhead am gyfle i wella'r byd, cyflwr y trigolion, y bwyd a fwyteir, eu diddordebau a'u cartrefi, a gosod trefniant a gofal pan mae pobl yn afiach:

> Gwnawn fyd o gasineb yn gariad.

Hyd yn oed difrod marwolaeth a gweld y byd yn anfarwol fel na fydd wylo mwyach. Gosod Teyrnas Nef ar y ddaear. Dyna pam fod *Emyn y Deyrnas* o'i eiddo yn un o'i emynau a gafodd ei gynnwys yn *Caneuon Ffydd* yn 2001. Mynega'r emyn, sydd yn dal i gael ei werthfawrogi heddiw, ei ddyheadau yn hynod o gelfydd:

> Llefara Iôr, nes clywo pawb
> Dy awdurdodol lais,
> A dyro iddynt ras i wneud
> Yn ôl dy ddwyfol gais.

Ceir yr optimistaidd o eiddo'r bardd yn ei gerdd *Mae*

Cymru Eto yn Fyw. Rhydd fai ar y Saeson am eu hymddygiad yng Nghymru:

> Er gwaethaf tywyll a brad y Sais
> A gormes o bob rhyw –
> Ar ôl y twyll a'r brad i gyd
> Mae Cymru eto yn fyw.

Cydnabydda i Gymru weld bradychwyr, a chyfnodau lle nad oedd ond helbulon i flino'r werin bobl. Mae bywyd caled y werin bobl yn thema cyson fel yn *Dim ond Helbul Byth a Hefyd*, *Pwy yw dy Gymydog?*, *Cwyn y Gweithwyr* a llawer o gerddi eraill yn y gyfrol hon, gyda phobl ieuainc yn blino ar y trais a brofir, ac am y trais sydd o'n hamgylch, yn arbennig digwyddiadau tlodaidd. Gofynna am ei gyd-Gymry i wynebu'r bwli, ynghyd â diweithdra. Gwêl gyflwr y wraig weddw. Gadael y cartref tlawd am y wyrcws a eilw ef yn garchardy'r tlawd. Er y sefyllfa drist, nid yw'r bardd yn colli ei optimistiaeth fel ag y gwelwn yn y bennill:

> Na, mae amser gwell i ddyfod
> Amser llawnder i bob golwg
> Pan fydd tlodi wedi dyfod,
> Helbul wedi try'n fwynhad.

Yn y gerdd hon ac yn un arall sy'n dwyn enw'r cymeriad, darlunia'r gŵr cyfoethog a eilw yn *Gruffudd Llwyd*. Gwisga'n dda tra y mae pob un arall o'r plwyf yn eu carpiau, ac yn byw mewn adeiladau sydd heb gysur ynddynt. I'r bardd, ni ddylai neb o'r tlodion fod heb ofal a chysur tra bo byddigions fel Gruffudd Llwyd yn gloddesta yn ei segurdod, yn byw ar chwys a llafur y lliaws bobl a gyflogir ganddo.

Mae'n amlwg o'r gerdd *Chwaer, Cariad, Gwraig a Mam*

bod gan R. J. Derfel edmygedd o wragedd, yn arbennig pob mam a phob chwaer, a gaiff glod ganddo pan maent yn byw mewn cariad fel gwraig a chwaer a mam:

> Ond o bob enw dan y nen
> Mae enw mam i bawb yn ben.

Yn ei gerdd *Ceisiwch Eto* y mae'n cymell y plentyn sydd yn araf i ddysgu gwybodaeth a sgiliau i ddal ati, a bod fel yn ei brofiad ef yn optimistaidd.

Y mae ganddo gerddi sydd yn haeddu eu hastudio, fel *Dihangfa y Caethwas*. Ef a Samuel Roberts, Llanbrynmair oedd dau o'r beirdd a oedd yn yr un cyfnod yn barod i ystyried neges yn condemnio caethwasiaeth. Ei ddyhead yw:

> Yr Arglwydd o'r nefoedd a wrendy dy gri
> A detyd dy rwymau o'r diwedd.

Yn nes ymlaen yn ei yrfa fodd bynnag byddai R. J. Derfel yn coleddu syniadau athronyddol mwy seciwlar, anghrefyddol, ac er nad oes ganddo gerddi'n mynegi'r syniadau hyn yn agored mae o leiaf awgrymiadau ohonynt i'w gweld yn y farddoniaeth yma a thraw, er enghraifft yn y gerdd sy'n dwyn y teitl *Rhyfedd ŷnt i Gyd*. Wrth bwyso a mesur rhyfeddodau'r bydysawd nid yw'r gerdd yn crybwyll Duw unwaith, y pwyslais o leiaf yn ymylu ar agnostiaeth ac yn newydd iawn yng nghyddestun y oes y 'Bardd Newydd' Cristnogol.

Fel bardd poblogaidd, gofalodd Derfel ganu cerddi i'w arwyr a'i gyfoedion. Gofalodd lunio cerddi i'r llengarwyr a adnabu ymhlith Cymry Manceinion. Lluniodd gerdd i Creuddynfab, un arall i Idris Fychan ac yna Ceiriog. Mae hon yn gerdd i'w chofio, a chydnabydda anwyldeb y bardd a'i gyfraniad parhaol i lenyddiaeth Gymraeg. Eisteddfodwr arall a gofia ydyw Richard Davies o ardal Llanbrynmair, a adnabyddir gyda'r ffugenw Mynyddog. Caiff Robert Owen, y sosialydd, ei gofio mewn nifer o englynion. Gwelir ef ar ei orau yn yr englyn hwn:

> Dyngarwr â doniau gwron – ydoedd,
>   A gwaredwr dynion
> Llesolwr gwell oesolion
> Oedd â haul i'r oes ddu hon.

Yr englynion hyn yw rhai o'r ychydig enghreifftiau o gerddi Derfel yn y mesurau caeth, er y ceir yma dwy enghraifft hefyd o hir-a-thoddaid yn y *Beddargraff* sydd wedi'i grybwyll eisoes, a *Gwyliau Llawen*. Gellir synhwyro bod ar Derfel eisiau cadw ei ganu'n werinol ac apelio i bobl gyffredin.

Mae rhai testunau annisgwyl ymysg ei alarnadau. Rhyfedd ar ôl cerdd odidog ar Robert Owen weld iddo gyfansoddi cerdd ar *Dywysog Cymru* (Albert Edward) (*heb ei chynnwys*); disgwylir hynny o awen Ceiriog yn hytrach na Derfel. Chwithdod arall i radical yw gweld bardd y werin yn clodfori *Colofn Ardalydd Môn* (er ei fod man arall yn erfyn arno i werthu'i eiddo a'i roi i'r tlawd). Rhydd glod i'r Marchog o Fôn am frwydro ar faes y gad ym Mrwydr Waterloo. Canodd ei glodydd am ei ddewrder a'r anfarwoldeb a berthyn i'w anturiaeth. I Derfel, ef oedd un o'r dewrion rai, a gaiff ei glodfori. Teifl y gerdd ragor o oleuni ar agwedd R. J. Derfel fel bardd sydd yn llunio cerdd i blesio'r rhai sydd yn cydnabod bod yn rhaid ymladd hyd dywallt gwaed ar adegau.

Mae ganddo *Galargan* i'r Parchedig Owen Owens, Manceinion a fu farw adeg Cymanfa Bregethu Manceinion. Roedd R. J. Derfel yn credu y dylai roddi sylw i'w gefndir a'i deulu, a cherdd sy'n crynhoi hynny yw *Mae Gweddi fy Mam ar fy Rhan*. Yng nghanol bywyd a'i boenau corfforol, mae'n gysur o wybod yn ei gyfyngder fod ei fam yn dal i eiriol dros ei mab annwyl yn ei alltudiaeth. Daw hiraeth arno am Edeyrnion. Dyna hanfod y gerdd *Deuwch i Gwmni Anian*, lle mae'n troi ei gefn ar fywyd prysur y ddinas i ganol ehangder gwlad. Yno y gwêl harddwch a thlysni cân yr adar a sŵn y môr. Daw'r cyfan ynghyd i lonni'i galon, a chara weld y ddau. Cerdd arall emosiynol yw *Fy Nhad*. Dyn tlawd ydoedd, ond dyn capel, yn arweinydd ymhlith y praidd, a gŵr yr aelwyd Hawliai barch di-ffael. Pan fu farw daeth tyrfa gref i'w arwyl. Roedd Llandderfel wedi cael colled. Dyma gerdd hynod o hyfryd i'w darllen, fel y mae ei gerdd Saesneg (*heb ei chynnwys*) i'w ferch, Louisa Derfel, a fu farw ar 21 Tachwedd 1890 yn dair ar ddeg oed, a bu'r arwyl ym mynwent Ardwick, Manceinion ar 25 Tachwedd.

Yr hyn sydd yn aros ym marddoniaeth Derfel yw ei fynegiant o blaid y tlodion a'r angen i sosialaeth wreiddio ymhlith y werin bobl. Yn ei gân *Fy Ngwlad! Fy Ngwlad!* dirmyga'r bardd y bobl a ganant yn ddifeddwl, a hwythau'n berchen dim modfedd o Gymru. Dyma bennill olaf y gerdd:

> Na fyddid heddwch mewn tref na gwlad,
>   Na gorffwys i fab nac i fun,
> Tra byddo'r tir yn eiddo i neb
>   Oddigerth ei genedl ei hun,
> Ar ôl cael y wlad yn rhan i bawb
>   Cawn gynnal eisteddfod a gŵyl,
> A chanu a siarad wrth ein bodd
>   Am 'hen wlad ein tadau mewn hwyl'.

Ond y bwgan pennaf i Sosialydd cynnar fel Derfel oedd tlodi. Mewn un cerdd dilorna'r cyflogau bach a gaiff y gweithiwr, ac yntau yn gorfod prynu crys a dillad, ymborth bob dydd ac ambell lyfr. Y mae teitl y gerdd yn cyfleu ei neges, *Pymtheg Swllt y Mis*.

Lawer gwaith, rhoddodd R. J. Derfel fynegiant i'w gredo fel yn y ddwy gerdd sy'n dwyn yr enw *Gwyliau Llawen* ynghyd â cherddi fel *Cân Ein Gwirfoddolion* a *Cwyn yr Eneth Lân Dlawd*. Cyrhaeddodd Derfel dir uchel yn ei emyn godidog, Rhif 809 yn *Caneuon Ffydd*, sef *Gweddi ar Ran y Byd*. Mae'n gampwaith, a gwelir hyn yn ei drydydd pennill:

> Yn erbyn pob gormeswr cryf
> O cymer blaid y gwan;
> Darostwng ben y balch i lawr
> A chod y tlawd i'r lan.

Yn y pedwerydd bennill, mae'n gofyn am fendith Duw y Tad ar holl deulu dyn. Gweddïai ef am ryddid a hedd gan ddyheu am fyw heb ofn na thrais. Yna ceir diweddglo cofiadwy:

> Ymostwng atom yn dy ras,
> O gwrando ar ein cri,
> Ac mewn trugaredd, Arglwydd Iôr,
> Yn dirion ateb ni.

Clasur o emyn na cheir ei well yn emynyddiaeth Gymraeg. Roedd sosialaeth Derfel yn costrelu Tadolaeth Duw a brawdgarwch dyn. Y mae emyn arall yn *Caneuon Ffydd*, Rhif 206 i Dduw'r Tad:

> O llefara air yn awr,
> Gair a dynn y nef i lawr;
> Ninnau gydag engyl nen
> Rown y goron ar dy ben.

Duw'r Tad yw'r unig un ar gyfer bywyd y credadun:

> Ac ni cheisiwn arall chwaith
>   Oesoedd tragwyddoldeb maith.

A sylwer bod R. J. Derfel yn disgwyl o fewn capel a theml brofi presenoldeb a chread y Duw sy'n dad i deulu dyn. Tad sydd yn nerth a noddfa yn ôl y Salmydd. Yn ei gerdd i'r Nadolig, *Gwyliau Llawen*, crynhoa ei safbwynt:

> Cofiwch fod dyn i ddyn yn frawd,
>   Er iddo fod mewn tlodi.
> Perchwch deimladau'ch brodyr tlawd
>   A gwnewch eich rhan i'w llonni.

Yn *Y Geninen* y mae T. E. Nicholas, disgybl barddonol pennaf Derfel, yn atgoffa ni o'r bardd hŷn ar ei orau:

> Pe gallwn mi borthwn y tlodion
> Gosodwn bob teulu mewn tŷ.
> Dilladwn y gweithiwr mewn gwisgoedd
> Cyn hardded â neb yn y llu.
> Chai neb ofyn cymorth yn ofer
> Na neb geisio bwyd heb ei gael;
> Cyn iddynt gael amser i ofyn
> Diwallwn bob angen yn hael.

Fel y soniodd un o'r rhai a fu'n ymchwilio arno:

Ond breuddwydiai R. J. Derfel am frawdoliaeth gyffredinol dyn, heb gaethwas, heb was, heb forwyn. Un teulu mawr a chariad a chyfiawnder yn ben. Byd heb wallgofdai, heb frenhinoedd, heb gystadleuaeth rhwng dyn a dyn am foddion byw, byd rhydd, yn sylweddoliad o ddyddiau'r nefoedd ar y ddaear.

Gwelai R. J. Derfel yr Iesu fel Sosialydd, yn wir, fel aelod o sect yr Eseniaid, y sect honno a breswyliai yn Qumran ar lannau'r Môr Marw ym Mhalesteina. Yn y gerdd *Gwerth yr hyn sydd Gennyt* mae llais yr Iesu yn cyfarch pendefigion Cymreig yr oes i werthu eu heiddo oll. I Derfel, yr unig grefydd gwerth sôn amdano yw crefydd sydd yn cofleidio gwasanaeth. Nid ar gredo y rhoddai'r pwys, ond ar weithredoedd ymarferol. Mae'r person sydd yn gofalu am y diymgeledd a'r difreintiedig yn grefyddol yng ngwir ystyr y gair. Yn ei gerdd *Gweddi Gwaith*, dywed ymhellach:

> Os wyt am fod yn Gristion
> Rhaid iti dderbyn Crist,
> A derbyn ei ddysgeidiaeth
> Yn llawen, nid yn drist,
> Rhaid iti roi dy olud
> Yn feddiant i'r tylawd –
> Yn feddiant cymdeithasol
> I ti a dy frawd.

Un o bregethwyr grymus ei gyfnod a gofia yw'r Parchedig John Jones, Tal-y-sarn, Dyffryn Nantlle. Lluniodd gerdd hir a nodedig arno, yn costrelu rhin gwasanaeth un o bregethwyr grymus y bedwaredd ganrif ar bymtheg. Gwelodd ym mhregethau John Jones obaith am fyd gwell, a gwelir hyn yn *Ar ôl pob Peth daw Rhywbeth*. Y mae'n darlunio sefyllfa unigolion sy'n colli gwaith, colli cariad, colli iechyd a cholli fel Job gynt gymaint o anghenion bywyd. Ond meddai'r bardd:

> Gan hynny edrych di yn bell,
> > Daw amser gwell yn ddi-feth –
> A chlywed dan bob baich a pheth
> > Ar ôl pob peth daw rhywbeth.

Ym mhob argyfwng a thrueni, daw'r elfen optimistaidd a etifeddodd drwy sosialaeth Robert Owen yn amlwg iawn yn y cerddi a gyhoeddir yn y flodeugerdd hon. Haedda R. J. Derfel ei le yn hanes llenyddiaeth a gwleidyddiaeth Cymru. Roedd yn arloeswr yng ngwir ystyr y gair, yn wrthryfelwr Cymreig gwerth ei astudio.

D. Ben Rees (2025)

Mae **D. Ben Rees** wedi cyhoeddi nifer fawr o lyfrau am hanes radicaliaeth yng Nghymru, gan gynnwys cofiannau o ffigyrau fel Cledwyn Hughes, James Griffiths, Gwilym Hiraethog ac eraill, ac yn ddiweddar, *Cyd-ddyheu a'i Cododd Hi: Hanes y Blaid Lafur yng Nghymru*.

Ynghylch y cerddi yn y gyfrol hon:

Daw'r cerddi yn y gyfrol hon o wahanol gyhoeddiadau o weithiau barddonol y bardd, y mwyafrif o *Caneuon*, ei ddetholiad o'i waith. Nid oes dyddiad wedi'i rhoi ar bron dim o'r cerddi hyn, felly nid ydym wedi gallu rhoi dyddiadau yma na cheisio eu trefnu yn ôl dyddiad. Cyhoeddwyd pob cerdd yn y gyfrol hon erbyn 1891. Ymddengys bod y mwyafrif yn perthyn i'r 1860au, gan i Derfel droi fwyfwy i ryddiaith ac ysgrifennu Saesneg yn negawdau olaf y ganrif. Rydym wedi diweddaru'r orgraff ble y bu modd gwneud hynny heb amharu ar fydr, odl neu gynghanedd.

Fy Ngwlad! Fy Ngwlad!

Fy ngwlad, fy ngwlad, meddai llawer bardd,
    A llawer cerddor mewn cân;
Ein gwlad, ein gwlad, meddai Cymry cu,
    Ein gwlad ydyw Gwalia lân;
Gantorion a beirdd, distewch bob un,
    A chwithau Frythoniaid i gyd
Fel pobl nid oes gennym wlad o gwbl
    Na llathen o dir y byd.

Newidiwch ar frys bob gair a sill
    Yn "Hen wlad fy Nhadau" fawr fri;
Oblegid i blant ein Cymru hoff,
    Hen wlad yr estroniaid yw hi;
Ychydig bersonau bia'r tir,
    Ac estron yw llawer un;
A'r Cymro sydd er cymaint ei fost,
    Yn gaethwas yn ei wlad ei hun.

Tra byddo ein gwlad o gwr i gwr
    Yn eiddo arglwyddi tir,
Na chaned Cymro wladgarol gerdd,
    Heb ynddi frawddeg o wir;
Yn hytrach datganer rhyfel gân,
    I gasglu y Cymry ynghyd;
I ymladd â'r gelyn am y tir,
    Nes ennill y wlad i gyd.

Na fydded heddwch mewn tref na gwlad,
    Na gorffwys i fab nac i fun,
Tra byddo'r tir yn eiddo i neb
    Oddigerth y genedl ei hun;
Ar ôl cael y wlad yn rhan i bawb,
    Cawn gynnal eisteddfod a gwyl,
A chanu a siarad wrth ein bodd,
    Am "Hen wlad ein Tadau" mewn hwyl.

Ceiriog

Am Ceiriog y mae cariad – yn wylo
    Mewn alaeth o deimlad;
Bwrdd y wledd wna beirdd y wlad
Yn lewyrnog alarnad.

Llenorion, dynion y doniau – gan alar
    Gynilant eu geiriau;
Dafnau heillt sydd yn dyfnhau
Anobaith eu wynebau.

Ynadon ocheneidiant – awduron
    Henadurol wylant
O gri eu gwae dagrau gant
Yn llu ingol ollyngant.

Gwalia o ben bwy gilydd – alarai
    Ar elor ei phrydydd;
Sŵn ei serch yn atsain sydd
Drwy siarad dros y werydd.

Ei anwylach ni welir – huodledd
    Ei awdlau hir gofir;
Tra Brython a thon a thir
Odlau ei ganau ddatgenir.

Angel y beirdd yn Ngwalia bu – hiliodd
    Ei heulwen dros Gymru;
Elw a gaed i Walia gu
A gogoniant rhawg o'i ganu.

Ei gân goeth gyfoeth ei gofiant – erys
　　Yn arwydd o'i haeddiant;
Ar les ei gerdd 'rôl oesau gant,
Miliynau ddaw a'i moliannant.

Ei gyfoeth i fri gyfyd – ei genedl
　　Hi ganodd i fywyd;
A'i gerddi a'i gwnaeth ef hefyd
Yn fardd i bawb o feirdd y byd.

Creuddynfab

Creuddynfab arab oedd wron – coeth iawn,
　　Cyweithus a ffyddlon;
Cawr gwylaidd, cywir galon,
A roes hwyl ar yr oes hon.

Beirniad nad ellid ei brynu – ydoedd
　　Nodedig ei allu;
Ofn ei olwg i fanylu,
A'i drem i feirdd, yn drwm fu.

Ei goron ef a'i gariad – oedd Gwalia
　　Ddigilwg, bob eiliad;
Bodd ei wledd, oedd budd ei wlad
A'i genedl oedd ei ganiad.

Ei genedl hithau gwynodd – yn uchel
　　Mewn ochain pan hunodd;
Y gro du a'i deigr hi do'dd
A'i enw byth eneiniodd.

Idris Fychan

Aeth Idris a'i waith adref – o derfysg
    Y dyrfa i dangnef;
O'i odlau nid oes ond adlef
Eilia yn awr ar delyn nef.

Eiliodd ei ganiad olaf – yn daliad
    I'w delyn anwylaf;
Emyn a cherdd mwy ni chaf
O'i gyweiriau hawddgaraf.

Datganodd, tynnodd o'r tanau – fiwsig
    Yn feysydd o donau
Adlais ei gywrain odlau
Yn afon hedd, wnawn fwynhau.

Manceinion sydd mewn cyni – a Gwalia
    Mewn galar o'i golli:
Am y tawel, cam yw tewi
Agor fron' am y gŵr o fri.

Cwynion gwŷr glewion glywir – o wir ing
    Ar ei ôl lle'r elir;
Mesur ei hawl – amser hir
Ei anwylach ni welir.

Boed heddwch i'w lwch a'i le – gariadus,
    Gysegredig fangre:
Ar ei wyrddlas orweddle,
Bydded glawdd a nawdd y ne'.

Mynyddog

Mae newydd am Mynyddog – galarus
    Gwelir llu'n gymylog;
Am y llawen fardd enwog,
Ni raid llais na rhuad llog.

Naturiol iawn yw torri – o'i achos
    I ochain mewn cyni;
Am ŵr o'i fraint mawr ei fri.
Hawdd tywallt, anhawdd tewi.

Am roi gwron barddoniaeth – yn y bedd
    Ni bu mwy gelyniaeth;
Môr o alar marwolaeth,
Drwy'r briw yn ddiluw ddaeth.

Gwaglaw yw De a Gogledd – ar ei ôl,
    Ac oer iawn yw Gwynedd;
Eifion sy'n anghyfannedd,
A gwlad haf heb glyd hedd.

Cemes ymysg y cymoedd – a godwyd
    I gadair yr oesoedd;
Allu red i weld lle'r oedd,
Ar ofwy am ganrifoedd.

Bronnau meib Llanbrynmair – a drywanwyd
    Druain wŷr a dwysbair;
Gwae Angau roes a'i gynghrair,
Lawer byw mewn alar bair.

Lloegr a llawer bell lleoedd – glywant
    Am y glais dros foroedd;
A wylant gyda'r miloedd
O wir gur, wylant ar goedd.

Mawr ydoedd, miloedd a'i molant – heddiw;
    Mae'n haeddu eu moliant;
A'i beraidd sain bardd a sant,
E ganodd i ogoniant.

Robert Owen

Robert Owen, Gymro enwog – ydoedd,
    Waredwr trugarog;
Bwriai ei les heb aur log
Ynghanol gwŷr anghenog;

Siaradwr amser ydoedd – a lluniwr
    Cynlluniau i'r oesoedd;
Gŵr dewr a gwaredwr oedd
A'i felys ddawn i filoedd.

I dyrfa rif di-derfyn – agorodd
    Hen gaerau gwlad newyn;
Gwareiddiwr byd o'r gwreiddyn
Ingol oedd – angel o ddyn.

Dyngarwr a doniau gwron – ydoedd,
    A gwaredwr dynion
Llesolwr gwell oesolion
Oedd a haul i'r oes ddu hon.

Gwron addwyn gwirioneddol – ydoedd
    O rodiad rhagorol;
Ynni y gŵr – dawn ei gôl,
Urddwyd a gwres angerddol.

Dihafal oedd ei galon – agored
　　Am garu plant dynion;
Tywysog tywysogion
Oedd i fyd – puredd ei fon.

Byd oedd ei wlad – bedydd ei lw – a'i sêl,
　　Ydoedd sŵn rhai'n galw,
Mewn galar fel ar farw,
I ddwyn ei nawdd, iddyn nhw.

Plant bach a gawsant achos – i ganu
　　Yn gynnes mewn diddos
Dan ddiwyg aden ddios,
Ddifyr nawdd, fore a nos.

Gweithwyr hefyd er gwaethaf – dysgawdwyr
　　Gormeswyr grymusaf,
Rai cantoedd y tro cyntaf
Gaent fwy o rin, aur rin yr haf.

Gwir alluog gawr y lluoedd – enwog
　　Arweiniwr y bobloedd;
Arwr cu, athro i'r c'oedd
Ymerawdwr mawr ydoedd.

Yn fyw mawr oedd ef a mawr yw – hefyd,
　　A dihafal heddiw;
A'i gyfran fydd ddigyfryw
I ddyn ddaw – fe fydd yn dduw.

Miloedd a ddaw a'i molant – a'i ysgol,
　　'N olynol ddilynant:
O wir serch, arwr a sant,
A doethwyr a'i bendithiant.

Mae Cymru eto'n Fyw

Er gwaethaf gallu Rhufain gynt
    A medr ei dewrion wŷr
Er gwaethaf llawer gwaedlyd hynt
    Ar hyd a lled ein tir:
Er methu ennill brwydrau fil,
    A cholli llawer llyw;
Ar ôl y llid a'r lladd i gyd,
    Mae Cymru eto'n fyw.

Os llwyddodd dichell llid a brad,
    I lifo'r tir â gwaed;
Os syrthiodd myrdd o'n tadau dewr
    Yn garnedd dan eu traed
Er gwaethaf twyll a brad y Sais
    A gormes o bob rhyw
Ar ôl y twyll a'r brad i gyd,
    Mae Cymru eto'n fyw.

Os esgeuluswyd Cymry fad
    Gan rai o'i phlant ei hun
Os gwerthwyd hi ar ddydd y frwydr
    Gan fradwyr lawer un:
Er gwaethaf esgeulustod pawb
    Er dyfned oedd y briw
Ar ôl y brad a'r blinder oll,
    Mae Cymru eto'n fyw.

Proffwydwyd gan broffwydwyr gau
    O oes i oes heb baid,
Mai angau oedd ei thynged hi
    Mai marw fyddai raid;
Ond wele tra mae'r brudwyr ffôl
    Yn isel dan yr yw,
A'r daroganwyr oll yn fud
    Mae Cymru eto'n fyw.

O'r Dwyrain a'r Gorllewin draw
    O'r Gogledd ac o'r De,
Ymchwyddol lais fel taran ddaw
    Clywadwy dros bob lle;
Yn uwch ac uwch dyrchafa'r llef
    A'r byd i gyd a'i clyw
Yn bloeddio mewn acenion clir
    Mae Cymru eto'n fyw.

Anwylir Cymry gan ei phlant
    Mewn gwir angerddol serch,
Ar ôl i'r bradwyr suddo lawr
    I waelod angof erch;
Ac yn Gymraeg fe glywir myrdd,
    Yr oesau oll a'u clyw,
Yn dweud mor groyw ag erioed,
    Mae Cymru eto'n fyw.

Colofn Ardalydd Môn

Y frwydr ymladdwyd ar faes Waterloo
    Ymgiliodd i nos y mynediant;
Ond heulwen y frwydr sy'n taflu ei gwawl
    Hyd eithaf y tywyll ddyfodiant:
Mewn oesoedd i ddyfod amdani bydd sôn.
    A synnu uwch ben y gyflafan;
A chlodydd a roddir i'r Marchog o Fôn,
    Tra byddo tafodau i'w datgan.

Tra'r golofn yn sefyll yn gref ar y graig,
    A'r Menai o dani'n ymchwyddo;
A delw y Marchog uwch ymchwydd yr aig,
    Ar gopa y golofn heb dreulio –
Atgofir ei aruthr weithredoedd i gyd,
    A'i ddewrder ar faes y gyflafan;
Ac uwch fydd yr atsain fuddugol o hyd,
    Nag atsain y galar a'r griddfan.

Os oes drychiolaethau yn gwibio drwy'r byd,
    Ac ochain o'r beddau'n cyfodi;
A gwaed y trueiniaid fel taran o hyd,
    O'r ddaear lle syrthiodd yn gwaeddi
Mae moliant y dewrion enillodd y gad,
    Yn boddi y sŵn gyda dynion;
A chân buddugoliaeth gan filoedd ein gwlad,
    A chwyddir gan waedd y gelynion.

Y miloedd a ddeuant i edrych y gwaith,
    Rhyfeddant y golofn a'r ddelw;
Ond dewrder y Marchog fydd prif bwnc eu hiaith
    Ac urddas anfarwol ei enw.
O flwyddyn i flwyddyn adroddir ei oes,
    Ar lannau y Fenai gan filoedd;
A'r deyrnged o dalodd ei genedl i'w foes,
    Hysbysir mewn myrdd o ardaloedd.

Cynhalied y teulu ogoniant y tad,
    A maged rai dewrion fel yntau
Rhai teilwng o gariad a hyder y wlad,
    Rhai parod i bleidio'u hiawnderau
A bydded y genedl yn ffyddlon o hyd
    I barchu y gwron a'i deulu
Y gwron roes fri ar y deyrnas i gyd
    A bri ynneillduol ar Gymru.

Pe Gallwn, Mi Wnawn

Pe gallwn mi godwn y Cymry
    I ben pinacl uchaf y byd,
Mewn rhinwedd a dysg ac anrhydedd,
    A phob rhagoroldeb i gyd;
Yr un pryd mi godwn pob cenedl
    O'r dyfnder i'r lan gyda hwy,
A gweithiwn fur bythol o'u hamgylch,
    I'w cadw rhag syrthio byth mwy.
        Mi wnawn pe gallwn
        Pe gallwn mi wnawn.

Pe gallwn mi borthwn y tlodion
    Gosodwn bob teulu mewn tŷ;
Dilladwn y gweithwyr mewn gwisgoedd
    Gan hardded â neb yn y llu;
Chai neb ofyn cymorth yn ofer
    Na neb geisio bwyd heb ei gael
Cyn iddynt gael amser i ofyn,
    Diwallwn bob angen yn hael.
        Mi wnawn pe gallwn
        Pe gallwn mi wnawn.

Pe gallwn mi wellwn bob clefyd,
    Rhown derfyn am byth ar bob haint.
Gwnawn deulu y fagddu yn engyl
    A phobl yr holl ddaear yn saint;
Gwnawn iechyd a rhinwedd yn heintus
    Difodwn bob drwg a phob brad
Gwnawn fyd o gasineb yn gariad
    A gofid yn fyd o fwynhad.
        Mi wnawn pe gallwn,
        Pe gallwn mi wnawn.

Pe gallwn mi ddysgwn y gweithwyr
    I ddeall a theimlo eu hawl;
Trigfannau trahauster a gormes,
    A lanwna bywyd â gwawl;
Symbylwn y bobl i ymuno
    Mewn cariad a hyder i gyd,
A nerthwn ein breichiau i yrru
    Tylodi a gormes o'r byd.
      Mi wnawn pe gallwn
      Pe gallwn mi wnawn.

Pe gallwn difodwn farwolaeth,
    Rhown gaead ar enau pob bedd;
Gwnawn fywyd y byd yn anfarwol,
    A'i gynnwys yn fydoedd o hedd:
Chai neb mwy wylo mewn galar,
    Am blentyn, am gariad na mam;
Na llances byth dorri ei chalon
    Dan deimlad o hiraeth a cham.
      Mi wnawn pe gallwn
      Pe gallwn mi wnawn.

Pe meddwn ar allu diderfyn,
    Doethineb anfeidrol, ynghyd,
A stôr annherfynol o olud,
    A modd i gwblhau fy holl fryd;
Heb oedi mi fflachiwn oleuni
    Dedwyddwch dros wyneb y byd
Gwnawn bawb o'r trigolion yn engyl
    A'r ddaear yn nefoedd i gyd.
      Mi wnawn pe gallwn,
      Pe gallwn mi wnawn.

Cymru Fydd

Ar edyn chwim dychymyg clir,
Ehedais i'r mynedol dir;
I chwilio drwy ei diroedd pell
Er gwybod a fu amser gwell,
    Ar Gymru nag y sydd:
Ac ar wybrennau oesoedd gynt,
Gweddillion eu gorffennol hynt
Yn amlwg mewn llythrennau aur,
Canfyddwn ffurf y frawddeg glaer
    "Cymru Fydd, Cymru Fydd."

Tra syllwn ar y geiriau hyn,
Daeth sain ymchwyddol dros y bryn
A cyn y sain mi dybiwn fod
Syniadau gwlad yn ceisio dod
    O rwymau trais yn rhydd;
Ac wrth glustfeinio tua'r lle
Mi glywwn lais fel taran gre'
Yn bloeddio yn Gymraeg i gyd
Y geiriau glywyd gan y byd
    "Cymru Fydd, Cymru Fydd!"

Yn ôl dychwelais gyda brys,
Gan holi pawb mewn Llan a Llys,
Am ragolygon Cymry lân,
Dyfodol fywyd Gwlad y Gân,
    Pan ddaw y bobl yn rhydd:
A'r hen a'r ieuanc yn gytûn,
Yr uchelwr a'r isel un,
Yn rhwydd atebent i fy nghais,
Pob un mewn penderfynol lais
    "Cymru Fydd, Cymru Fydd!"

Ar hyn edrychais yn y blaen,
I'r gwagle sydd byth byth ar daen;
A gwelais oesoedd fyrdd yn dod
O un i un fel saeth at nod,
   O'r gwyll i olau dydd:
Ac ar wybrennau oesau fil,
Canfyddwn enw hoff ein hil;
A'm gobaith glybu uchel lef
Yn atsain dros ororau nef
  "Cymru Fydd, Cymru Fydd."

Dim ond Helbul Byth a Hefyd

"Dim ond helbul byth a hefyd,"
    Meddai geneth ddeunaw oed;
"Helbul ddoe, a helbul heddiw,
    Helbul 'fory fel erioed."
Yn ei thrallod taflodd olwg
    Torcalonnus tua'r lloer
Syrthiodd dros y geulan erchyll
    Suddodd yn yr afon oer.

"Dim ond helbul byth a hefyd,"
    Meddai bachgen cryf a iach;
"Yn fy nghartref, lle mae 'nghalon,
    Nid oes waith i fawr na bach."
Taflodd olwg dros y moroedd,
    Hwyliodd draw i wneud ei nyth
Ond y llong a'i llwyth goludog
    Gollwyd yn yr eigion byth.

"Dim ond helbul byth a hefyd,"
    Meddai gweddw drist ei hiaith;
"Colli tad fy mhlentyn annwyl,
    Colli iechyd, colli 'ngwaith."
Trodd ei hwyneb draw rhag edrych
    Ar ei gwanllyd blentyn gwyn –
Bore trannoeth darganfyddwyd
    Mam a'i phlentyn yn y llyn.

"Dim ond helbul byth a hefyd,"
    Meddai gweithiwr wrth ei wraig,
"Hanner amser, hanner cyflog,
    Meistriaid caled fel y graig;"
Gwerthwyd pob dodrefnyn feddent,
    Er fod arnynt eisiau bwyd
Nid i gadw'r plant rhag newyn,
    Ond i dalu Gruffudd Llwyd.

"Dim ond helbul, byth a hefyd"
    Meddai henwr dan ei groes,
"Caled ydyw newid cartref
    Am y tloty, ddiwedd oes;"
Tradwy cludwyd ei weddillion
    O garchardy'r tlawd i'r bedd,
Cyflog wŷr oedd yn ei hebrwng,
    Amdo'r plwy' orchuddiai'i wedd.

"Dim ond helbul, byth a hefyd,"
    Meddai miloedd o bob oed,
"Helbul ddoe a helbul heddiw,
    Helbul fory fel erioed;"
Na, mae amser gwell i ddyfod,
    Amser llawnder i bob gwlad,
Pan fydd tlodi wedi darfod,
    Helbul wedi troi'n fwynhad.

Gruffydd Llwyd

Mae Gruffydd Llwyd yn ŵr o fri
    Efe yw pen y plwy';
Y golud ganddo ef ei hun,
    Gynhaliai sir neu ddwy:
Ond yn y wlad ac yn y plwy'
    Mae llu heb fwyd na gwisg
Y carpiau grogant am eu cyrff
    Sydd warth i'r oes a'i dysg.

Mae'n iawn i Gruffydd Llwyd gael byw
    Mewn annedd lawn a chlyd;
Ond pam y rhaid i eraill fod
    Gerllaw mewn rhaid o hyd?
Paham y rhaid i fach na mawr
    Ddioddef eisiau bwyd?
A digon yn y byd i bawb
    Heblaw i Gruffydd Llwyd?

Iawn hefyd yw i Gruffydd Llwyd
    Gael gwisgoedd hardd a drud,
A newid gwisg bob dydd os myn,
    Ar hyd ei oes i gyd;
Ond pam y rhaid i'r lliaws fod
    Mewn carpiau hyd y plwy',
A'r golud brynu gwisgoedd hardd,
    Yn ffrwyth eu llafur hwy?

Os gwych yw gweld anheddau hardd
    Yn britho tref a gwlad,
Pa beth yw'r cytiau wneir i'r bobl,
    Ond trawster a sarhad?
Pa warthrudd mwy na bod y rhai
    Sy'n gwneud palasau'r llawr,
Yn gorfod byw mewn gwaelach tai
    Na chŵn yr Yswain mawr?

Mae Gruffydd Llwyd heb ddim i'w wneud
    Heb ofal yn y byd;
Tra mae y bobl heb segur awr
    Mewn llafur dwys o hyd.
Mae'n rhaid fod rhywbeth mawr o'i le
    Na ddylai gael parhau,
Pan allai'r segur fedi'r ffrwyth,
    Ar ôl i'r gweithiwr hau.

Dyweded neb a fynno fod
    Y drefn yn ddedwydd iawn;
Dywedaf innau ger eu bron
    Hyd eithaf nerth fy nawn
Gwaradwydd yw fod rhaid i neb
    Ddioddef eisiau bwyd,
A digon yn y byd i bawb
    Heblaw i Gruffydd Llwyd.

Pwy yw dy Gymydog?

Nid yr arglwydd yn ei balas,
    Nid penadur yn ei lys,
Nid segurwyr annefnyddiol
    Sydd yn byw heb waith na chwys;
Nid y mawrion mewn awdurdod,
    Rhai ymffrostiant yn eu hach, –
Nid oes eisiau gwên na chymorth
    Ar y mawrion moethus, iach.

Nid yr enwog a'r dysgedig,
    Anrhydeddus wŷr y byd;
Nid y foneddiges brydferth,
    Yn ei haddurniadau drud;
Nid y cryf a'r iach na wyddant
    Ddim am boen na grudd sydd wleb, –
Nid oes ar y rhai llwyddiannus
    Eisiau gwên na chymorth neb.

Weli di y llances acw,
    Unwaith oedd yn eneth dlos?
Carpiog yw ei gwisg, a gwelw
    Yw ei grudd, oedd gynt fel rhos;
Llances wedi syrthio ydyw,
    Gwrthodedig gan bob un
Hon-acw ydyw dy gymydog,
    Teimla drosti fel dy hun.

Gwêl y bachgen, adyn truan,
    Bron â suddo dan y don,
Wedi colli hunan-feddiant,
    Yn ei warth yn marw bron;
Saint y byd, rhag ofn ei gyffwrdd,
    Frysiant heibio bob yr un,
Hwn-acw ydyw dy gymydog,
    Teimla drosto fel dy hun.

Acw, wele fam yn wylo
    Dagrau heilltion bron yn nant,
Am ei bod heb dân nac ymborth
    I ddiwallu rhaid ei phlant;
Pen y teulu wedi marw,
    Hithau bron â marw'i hun
Hon-acw ydyw dy gymydog,
    Bydd drugarog wrth y fun.

Dyma blentyn gwir amddifad,
    Heb esgidiau am ei draed;
Dim ond carpiau am ei gorffyn,
    Oerfel tost yn fferru ei waed;
Gwelw yw ei wedd gan eisiau,
    Anolygus yw ei lun
Dyma iti wir gymydog,
    Cymorth ef os wyt yn ddyn.

Cwyn y Gweithwyr

Er i ni weithio amser hir
    A threulio nerth ein cnawd,
Ac ennill golud lawer byd,
    Nid ydym oll ond tlawd;
A thlawd am fod segurwyr lu,
    Ar hyd y blwyddi maith,
Yn byw o hyd mewn moeth a bri
    Ar ffrwyth ein caled waith.

Nyni a wnaeth balasau'r wlad
    A'r llysoedd mawr i gyd,
Y dodrefn hefyd ym mhob un,
    A'r addurniadau drud;
A bysedd cywrain gweithwyr fyrdd
    Wnaeth wisgoedd gwych bob llys,
A'r perlau ar bob gwddf a bron,
    A'r gemau ar bob bys.

Ond ni ein hunain sydd yn byw
    Mewn cytiau bychain gwael,
Heb fawr o ddodrefn oddi mewn,
    Na fawr o fodd i'w cael;
Ynghanol golud gennym wnaed,
    Truenus yw ein ffawd;
Ar ôl cynhyrchu golud pawb,
    Nid ydym oll ond tlawd.

Ein gwragedd hefyd gyda ni
    Yn gynnar ac yn hwyr,
A'n bechgyn a'n genethod glân,
    A weithiant, dyn a'i gŵyr;
Ond er cynilo mewn pob dim,
    A byw ar ddŵr a blawd,
Heb awr o'r braidd i gadw gwyl,
    Nid ydym oll ond tlawd.

Y ni sy'n gwneud y gwisgoedd hardd,
    Yr arfau oll, a'r bwyd;
Ac yn addasu moddion fyrdd
    Ar gyfer pob rhyw nwyd
I ni ein hunain ni chawn wneud
    Na thŷ na thân na gwisg,
Heb dalu am yr hyn a wnawn
    I'r segur yn ein mysg.

Ynghanol llawnder o bob dawn
    Gynhyrchwyd gennym ni,
Rhaid i ni fyw mewn prinder byth
    O bob mwynhad a bri;
Ar ôl llafurio einioes faith
    A threulio nerth ein cnawd,
A gwneud y golud sydd gan bawb,
    Nid ydym oll ond tlawd.

Mae Dydd o Ddialedd yn Dyfod

Mae dydd o ddialedd yn dyfod,
    Yn dyfod, yn dyfod o bell;
Dydd du o ddigofaint a thrallod
    Er gwneuthur cymdeithas yn well;
Dydd dylif o lid a rhyferthwy,
    Tymhestloedd, taranau, a thwrdd –
Dydd drycin a blinder ofnadwy
    I yrru gorthrymder i ffwrdd.

Mae dydd o ddialedd yn nesu,
    Yn nesu, yn nesu o hyd;
Dydd pwyso a barnu gweithredoedd
    Anghyfiawn gorthrymwyr y byd:
Dydd codi y bobloedd i fyny,
    A thaflu ysbeilwyr i lawr
Dydd cosbi segurwyr diddefnydd,
    A llwyddo llafurwyr yn fawr.

Mae dydd o ddialedd yn ymyl,
    Yn ymyl, yn ymyl yn awr,
Mae yn y cymylau ddigofaint
    Yn barod i'w dywallt i lawr;
Nid oes eisiau dim ond gwreichionen
    I danio yr ufel uwch ben,
I yrru ei fellt o gynddaredd
    Yn folltau drwy'r ddaear a'r nen.

Mae dydd o ddialedd ar dorri,
    Ar dorri dros led yr holl fyd;
Mae llestri amynedd yn llawnion,
    A'r caethion yn codi i gyd:
Gwae fydd i segurwyr diddefnydd,
    Ac ing i ormeswyr pob gwlad,
Pan hyrddir y mawrion i ddinistr
    Gan danchwa eu gormes a'u brad.

Mae dydd o ddialedd yn dechrau,
    Yn dechrau mewn geiriau o gŵyn;
Ond cyn y gwrandewir eu cwynion
    Bydd miloedd yn gyrff er eu mwyn:
Afonydd o waed a ddylifant
    Yn ddilyw o ing dros y byd,
Yn iawn i gyfiawnder a phurdeb
    A fathrwyd gan fwrddwyr gyhyd.

Dydd tywyll fydd dydd y dialedd
    I dreiswyr goludog y byd;
Ond dydd o lawenydd a llawnder,
    I bobloedd y ddaear i gyd:
Dydd adfer y tir a'i drysorau
    Yn feddiant parhaus i bob un,
Pan gaiff pob llafurwr feddiannu
    Holl ffrwyth ei ddiwydrwydd ei hun.

Clywch, Gymry, Clywch!

Clywch, Gymry, clywch!
Mae sibrwd i'w glywed yn sŵn y gwynt,
Fel murmur hen bererin ar ei hynt
Yn chwilio am gymrawd i roddi clust
O wrandawiad i'w eiriau, baldorddwyr, ust;
Siaradwyr gweigion a rhigymwyr, tewch!
Dyneswch i gyd, clustfeiniwch, gwrandewch
Mae'r sibrwd fel pe bai yn ceisio dweud
Mewn geiriau sydd heb eu cwbl wneud:
"Ail-drefnwch gymdeithas ar gynllun gwell,
Alltudiwch dylodi a gwae yn bell;
Gwnewch un gymdeithas o bobloedd y byd,
Cymdeithas o gariad ac undeb i gyd."
    Clywch, Gymry, clywch.

Clywch, Gymry, clywch,
Mae llais yn hedeg ar edyn y gwynt,
Llais o bellteroedd yr hen amser gynt,
Ac ynddo mae profiad yr oesoedd fu
Yn chwyddo mewn teimlad a dicter du;
Ac wrth y presennol dros fôr a thir
Mae llais y gorffennol yn dweud yn glir
"Canfyddwch afonydd a môr o waed
Myrddiynau afrifed fathrwyd gan draed
Ysbeilwyr coronog, treiswyr y tlawd,
A gwaedlyd farsiandwyr mewn dynol gnawd.
Cymerwch rybudd, gochelwch y ffyrdd
Arweiniodd yr oesoedd i waeau fyrdd;
Gwnewch bobl y byd yn frawdoliaeth gytûn
A phob un i bawb a phawb i bob un."
    Clywch, Gymry, clywch.

Clywch, Gymry, clywch,
O'r dyfnder i lawr ac o'r uchder fry,
Mae lleisiau yn dod yn glir ac yn gry',
A llais o bob pwynt sydd yn ymgrynhoi,
Nes ydynt yn un llais mawr i ddatgloi
Gwefusau barn a doethineb y byd,
A rhoi lleferydd i gariad oedd fud;
A dyma mae'r lleisiau unedig yn dweud:
"Bobloedd ymgodwch, ymunwch i wneud
Cymdeithas o gariad ac undeb i gyd,
Brawdoliaeth sylweddol dros wyneb y byd.
Mae gennych y gallu a'r modd wrth law
I yrru pob gelyn i ffwrdd mewn braw.
Rhowch ysgwydd wrth ysgwydd, llaw mewn llaw,
A buddugoliaeth yn fuan a ddaw.
Gwnewch nef bresennol o'r ddaear i ddyn
A'i golud dihysbydd yn rhan i bob un,"
　　Clywch, Gymry, clywch,

　　Clywch. Gymry, clywch,
Mae llais o'r dyfodol a llais o'r gorffennol
Yn uno â llais y presennol i ddweud
Fod eisiau cyfodi y bobl o'u caledi
A bod eu cyfodi yn bosibl i'w wneud;
Mae'n chwyddo fel taran uwchben y byd cyfan
Gan godi ei gywair yn uwch ac yn uwch;
A'i lef ni ddistewir nes ymaith y chwythir
Gormeswyr gan wyntoedd digofaint fel lluwch;
A dal i lefaru, cynhyrfu a dysgu
Wna lleisiau unedig bodolaeth i gyd,
Nes gwelir cyfiawnder, dedwyddwch a llawnder
Yn rhan i bob un o drigolion y byd.
Fel hyn mae y lleisiau yn traethu mewn geiriau
"Genhedloedd y ddaear, deffrowch gyda brys,
Mae llwyr iachawdwriaeth rhag tlodi ac alaeth

O flaen eich wynebau, yn ymyl eich bys:
Mae gennych y gallu i gyflawn orchfygu
Pob gelyn heb ollwng diferyn o waed;
Cyfodwch yn unfryd, meddiannwch y golud,
A safwch fel dynion i gyd ar eich traed!"
   Clywch, Gymry, clywch.

Dydd Gŵyl Dewi

Llawer sydd yn anrhydeddu
Coffadwriaeth Sant y Cymry,
Drwy barablu ambell frawddeg
Garpiog yn yr hen Frythoneg,
Amryw unwaith yn y flwyddyn
Unwaith gydag ofn a dychryn;
Felly maent yn anrhydeddu
Ac yn dathlu Dydd Gwyl Dewi.

Eraill sydd yn anrhydeddu
Coffadwriaeth Sant y Cymry
Drwy lefaru iaith y Saeson
A datganu eu caneuon;
Siarad Saesneg heb ei dysgu,
A dibrisio cerddi Cymru:
Felly maent yn anrhydeddu
Ac yn dathlu Dydd Gwyl Dewi.

Gwelir ambell un yn gwisgo
Y Genhinen werdd heb wrido;
A thrwy gymorth y Genhinen
Cymro diwrnod wneir o'r bachgen;
A'r Genhinen sieryd drosto
Yn Gymraeg tra deil i'w gwisgo;
Felly maent yn anrhydeddu
Ac yn dathlu Dydd Gwyl Dewi.

Ond os mynnwch anrhydeddu
Coffadwriaeth Sant y Cymry,
Ag anrhydedd gwirioneddol
Byddwch Gymry yn wastadol;
Ac os ewch tu hwnt i'r terfyn
Ewch a'ch gwlad a'ch iaith i'ch canlyn;
Dyna'r ffordd i anrhydeddu
Ac i ddathlu Dydd Gwyl Dewi.

Prynwch a darllenwch lyfrau
Hoff awduron gwlad eich tadau;
Dysgwch ei barddoniaeth orau
A datgenwch ei chaniadau;
Byddwch iddi byth yn fendith,
A meithrinwch ei hathrylith
Dyna'r ffordd i anrhydeddu
Ac i ddathlu Dydd Gwyl Dewi.

Gorau ffordd i anrhydeddu
Coffadwriaeth Sant y Cymry,
Ydyw dysgu ac amddiffyn
Hawliau gwlad ar hyd y flwyddyn;
Dwyn ein tir o afael lladron,
Ennill gwlad yn ôl i'r Brython;
Dyna'r ffordd i anrhydeddu
Ac i ddathlu Dydd Gwyl Dewi.

Rhyfedd ŷnt i gyd

Pan dremiaf ar y wybren fry
A'i disglair sêr, aneirif lu,
Gan syndod af yn fud;
Fy nghalon sisial wrthi ei hun,
Mewn geiriau nad oes arnynt lun,
Mai rhyfedd ŷnt i gyd;
Eu maint a'u rhif a'u pellter maith
A synnant ddoethion byd.

All rywun edrych ar yr haul,
Tanbeidiol fyd – tragwyddol sail
A bywyd llawer byd?
A meddwl am yr heuliau fyrdd
Sydd yn y gwagle ar eu ffyrdd,
Yn troi a throi o hyd,
Heb deimlo a chyffesu'n rhwydd
Mai rhyfedd ŷnt i gyd.

Pan af ar hynt i lan y mor,
I syllu ar ei lydan ddôr
A'i wyllt aflonydd bryd,
Gan feddwl am y gallu sydd
Yn siglo'i ddyfroedd oll bob dydd
Fel baban yn ei grud;
Nid allaf lai na dweud yn syn
Mai rhyfedd yw i gyd.

Pan welaf ddyn, ryfeddaf fod,
Crynodeb o bod cywrain nod,
Yn symud bod a byw
Yn feddwl, deall, cof, ac iaith,
Yn obaith, cariad, teimlad, gwaith,
Yn olwg ac yn glyw
Yr wyf yn gorfod dweud heb os
Mai rhyfedd, rhyfedd yw.

Gwêl bysg y môr a'r ednod iach,
A phob creadur mawr a bach,
Heb neb all ddweud eu rhif;
A'r llysiau o bob lliw a llun
A hunan-ddelw ar bob un,
A ffurf pob un yn brif
A gwêl mai rhyfedd ydynt oll
O'r dyn i'r lleiaf bryf.

Y milyn lleiaf yn ei ddydd,
A'r mymryn anweladwy sydd,
Mor ryfedd bob yr un,
A'r blaned fwyaf yn y nen;
Ddaw rhyfeddodau byth i ben
Tra byddo'r nen ei hun –
Rhyfeddod yw pob peth y sydd,
Rhyfeddod byth i ddyn.

Chwaer, Cariad, Gwraig a Mam

Trysorau pennaf calon dyn
Gydgwrddant yn yr enw mun:
Disgleirdeb enwau byd yn grwn
Sydd nos wrth wawl yr enw hwn;
Yn hwn cawn enw annwyl chwaer
Ac enw cariad byth yn glaer
Ac enw gwraig, gymares gun,
Ac enw mam ar ben pob un.

Mae chwaer i lawer bachgen llon,
Yn gariad ac yn wraig o'r bron;
Mewn serch a gofal mae yn bur,
A byth yn ffyddlon fel y dur:
Ond cariad sydd i lanc yn fwy,
A'i cholli roddai ddyfnach glwy';
A mwy drachefn i ddyn i'w gwraig
A serch disyflyd fel y graig.
Mae gwraig, yn ddiddadl, ynddi ei hun
Yn gariad ac yn chwaer bob un.

Ond o bob enw dan y nen
Mae enw mam i bawb yn ben;
Serch cariad, ac anwyldeb chwaer,
A phurdeb gwraig, mewn ffrwyth a gair,
Gydgwrddant yn yr enw mwyn
Yr enw sydd yn fyd o swyn;
Mae mam yn gariad, gwraig, a chwaer,
A'i gwerth sydd fwy na byd o aur.

Heb fenyw fwyn beth fyddai'r byd
Ond anial di-fwynhad i gyd?
Chwaer hoff a chariad, gwraig a mam,
Sy'n cadw'r byd rhag mynd yn gam:
Tra byddo menyw yn y byd,
A'i chalon fawr yn serch i gyd,
Bydd gennyf gariad, gwraig, a mam,
A chwaer wrth raid i 'ddadlau 'ngham;
Chwaer hoff a chariad, gwraig, a mam,
Sy'n cadw'r byd rhag mynd yn gam.

Mae'r Had wedi cael ei Hau

Mae'r had wedi cael ei hau
    Mewn cynnar ffrwythlon dir,
A thoreth o egin byw
    Gyfodant eu pen cyn hir;
Ac nid oes dylanwad all
    Warafun eu tyfiant mwy,
Nac atal y ffrwyth ar lles
    A geir drwy eu cynnydd hwy.

Er gwaethaf y dymestl gref
    Yr eira rhynnol a'r rhew,
Ceir gweled yr egin byw,
    Ar hyd y meysydd yn dew;
Ceir gweled tywysennau llawn
    A'r grawn a'r bwyd yn eu pryd
A gwledda fore a 'nawn
    Ar rinwedd bywyd yr ŷd.

Cyffelyb pob gwir a ffaith
    Pob meddwl o gariad iawn
Ddisgynnant i'r fron fel had
    A ffrwythant mor sicr â'r grawn;
Cynyddant mewn rhif a grym,
    Nes byddant yn gnwd o hedd
Pan welit pob dyn yn rhydd,
    A llonder yn toi pob gwedd.

Cyhoeddwn pob gwir a ffaith
    Yn erbyn eglwys a byd;
I'r syniad rhown eglur iaith,
    A thafod i'r meddwl mud.
Pob gair a phob meddwl fydd
    Yn had i fendithiol ffrwyth,
A fedir amser a ddaw
    Mewn llawer defnyddiol lwyth.

Ceisiwch Eto

Blentyn bach wrth ddechrau dysgu,
  Paid diffygio;
Er mor egwan yw dy allu,
  Dal i geisio:
Pob llythyren yn y gwersi,
Fydd yn ysgol i dy godi;
A daw pleser o'r caledi,
  Wedi llwyddo.

Fachgen dewr, er i ti fethu,
  Paid diffygio;
Gyda hyder yn dy allu,
  Dal i geisio:
Er i lawer gwers dy drechu,
Cwyd dy ben yn hyf i fyny,
Megis un a fynnai ddysgu
  Cynnig eto.

Paid â gadael i anhawster,
  Byth dy guro;
Hawddach daw pob gwres a mater,
  Wrth ymgeisio:
Fechgyn a genethod annwyl,
Os daw siomiant heb ei ddisgwyl,
Yn lle sôn am gadw noswyl,
  Ceisiwch eto.

Os na ddaw y llwydd ddisgwyliech,
  Peidiwch digio;
Er na ddysgwch fel y mynnech,
  Peidiwch gildio:
Daliwch hyd y bedd i ddysgu,
Ymhyfrydwch mewn efrydu,
Chwi gewch les er i chwi fethu –
  Ceisiwch eto.

Y Pren ar y Llyn

Ar fol y llyn o flaen fy nhŷ
    Mae darn o bren yn nofio;
Mae'r llyn yn ddwfn a'i ddwfr yn ddu,
    A'r pren fel ysbryd arno.
O nos i nos ac o ddydd i ddydd
Y darn o bren ar y wyneb sydd
    Yn eistedd fel drychiolaeth,
Ac alaeth tost trwy ei guchiog rudd
    Yn edrych fel marwolaeth.

Wrth rodio'r ardd ar fin y nos
    O flaen fy nhŷ, mewn undeb
Ag ysbryd claer y lleuad dlos,
    Mae'r llyn o flaen fy wyneb,
A'r darn o bren yn ddu ac yn syn
Arwyneb tywyll y llonydd lyn
    Yn syllu yn fy llygaid,
A llaw guddiedig rhyw ddïafl yn dynn
    Ei gafael am fy enaid.

Ymorwedd wnaf yn flin i lawr,
    Ar hwyr y dydd i gysgu;
Ond byth ni chysgaf hanner awr
    Heb fod gan fraw yn crynu;
Canfyddaf y pren mewn breuddwyd syn
Yn nofio ar wyneb du y llyn
    Gan dremio beunydd arnaf;
A thrwy yr hirnos fy sylw fyn,
    A theifl fygythion ataf.

Pan godaf yn y bore glas
    A'm gruddiau cul yn orlwyd,
Mae'r hen feddyliau hudol cas
    Yn chwerwi fy morefwyd
Y darn o bren yn y breuddwyd syn
A welais yn nofio ar y llyn
    Sydd ger fy mron yn aros,
Ac arswyd cudd yn y meddwl gryn,
    A'r pren a'r llyn mor agos.

Af allan gyda bryd i droi
    Y meddwl rheibiol heibio;
Fy llwybr newidiaf er osgoi
    Y llyn a'r pren sydd arno;
Ond at y llyn heb yn wybod af,
A gweld y pren ar ei wyneb gaf
    Yn nofio fel arferol
Yn wrthrych erch o aeaf i haf,
    Yn union ar ei ganol.

Wrth wneud fy ngorchwyl yn y dref,
    Ac yn y cwmni llawen,
Daw ar fy nghlust ryw chwithig lef
    Nes crynaf megis deilen
A'r llef a ddaw o waelod y llyn
Lle nofia'r pren yn erchyll a syn,
    Fel ysbryd wedi'i rwymo, –
Lle bynnag yr af fy sylw fyn,
    A deil fy llygaid arno.

Dychwelaf yn yr hwyr yn ôl
   I'm tŷ ar lan y du-lyn,
I ŵydd y pren sydd ar ei gôl
   A'r braw sydd yn ei ddilyn,
A chysgaf ar hyd yr hirfaith nos
Fel meddwyn yn cysgu yn y ffos,
   Gan ruddfan a breuddwydio
Wrth weld fy hun yn y llyn ar yr rhos
   O dan y pren yn suddo.

Cyfeiriais at y llyn yn brudd.
   Y bore wedi codi,
Ac arwydd gofid ar fy ngrudd,
   A'm gwaed gan ofn yn berwi,
A'm llinyn a deflais at y fan
A thynnais y darn o bren i'r lan
   I weld y drwg wnâi 'mlino
A'r ysbryd ofnai fy nghalon wan
   Ond dim ni welais ynddo.

Rhag ofn mai yn y llyn yr oedd
   Yr ysbryd yn ymguddio,
Fy llinyn deflais gyda bloedd
   I'r gwaelod tywyll ato:
A gwelwn y llyn yn ymgyffrôi,
A thybiwn y clywn ei drwst yn ffoi;
   A'r llinyn dynnais allan
I weld y brwmstan yn ei doi
   Ond gwelais laid a graean.

Y pren a nofiodd yn ei ôl,
  A safodd ar y canol,
A minnau deimlais yn fy nghôl
  Ei ysbryd yn bresennol;
Dychwelais yn ddigllon wrth y drefn,
A thrymder yn drymach ar fy nghefn,
  Heb gael fy mlinwr allan,
A'r pren a'r llyn o fy mlaen drachefn
  Fel uffern noeth ei hunan.

I'r gwely dringais gyda phoen,
  Gan ddisgwyl cael gorffwysiad,
Ond teimlais rywbeth dros fy nghroen
  Yn cerdded dan y dillad –
A gwelwn y pren ar fol y llyn
O flaen fy wyneb yn wrthrych syn
  Fel ysbryd yn fy ngwylio;
A gwelwn fy hunan gyda hyn
  O dan y pren yn suddo.

Prysurais at y llyn drachefn,
  Ac yn y pren gafaelais
A'r pren â charreg ar ei gefn
  I'r dwfn waelodion deflais;
Ond erbyn drannoeth, ar fol y llyn
Y pren a welwn yn wrthrych syn
  Yn nofio fel arferol
O flaen fy annedd ar ael y bryn,
  Yn union ar ei ganol.

Dywedais bellach ar fy ngwir
   "Ni fynnaf fy nherfysgu,
Nid allaf fyw fel hyn yn hir,
   Mi gaua'r llyn i fyny:"
A dechrau wneuthum ar ochr y bryn,
Gan daflu y pridd i fol y llyn,
   I gau ei ddyfnder erchyll,
A deliais i weithio yn ddi-gryn,
   Nes gallwn arno sefyll.

Ar ben y fan lle nofiai'r pren
   Yn awr yn dalog safwn,
A rhoeswn floedd fel taran fawr
   O foliant pe gallaswn;
Ond cyn i'r floedd o fawl gael ei rhoi
Canfyddwn y fan o gylch yn troi,
   A'r llyn drachefn yn agor,
A minnau'n suddo heb nerth i ffoi,
   Byth, byth i godi'n rhagor.

Deffroais toc, ac ar fy nghefn
   Yr oeddwn wedi syrthio:
Ymlwybrais i fy nhŷ drachefn
   I geisio gorffwys yno;
Ond drwy y nos y llyn ar y waun
A'r pren ar ei wyneb fel o'r blaen
   A welwn yn fy mlino,
A'r olwg oedd fel uffernol ddraen
   O dan fy mron yn rhwygo.

Fy nhŷ newidiais wedi hyn.
    Am annedd yn y ddinas,
Gan dybied na ddoi'r pren a'r llyn
    Yn agos i gymdeithas:
Ond ar yr heol ac yn y tŷ,
Uwchben y tai yn yr awyr fry,
    Y llyn a'r pren a welwn
Yn edrych arnaf yn guchiog hy'
    O hyd lle bynnag byddwn.

Meddyliais bellach am ymroi
    I feiddio y ddrychiolaeth,
A thremiais arni heb osgoi
    Na chilio rhag ei halaeth:
Ac yn y fan canfyddwn y pren
Yn troi yn erchyll gorff a phen,
    A'r llyn yn wisg amdano,
Ac ar ei wefus eisteddai sen
    Yn barod i fy mlino.

Anturiais ofyn iddo'n hy'
    Pa neges ddwys oedd ganddo?
Pa bryd y ciliai o fy nhŷ?
    Pa hyd y gwnâi fy mlino?
Ac yntau roes ryw ddychrynllyd floedd,
A "Byth! Byth ! Byth!" ei atebiad oedd,
    A chaeodd ei wefusau;
Ond atsain ei lef fel llais ar goedd
    O hyd sydd yn fy nghlustiau.

Rwy'n gweld y llyn o flaen fy nhŷ,
   A'r pren o hyd yn nofio,
Y llyn yn ddwfn a'i ddwfr yn ddu,
   A'r pren fel ysbryd arno:
O nos i nos ac o ddydd i ddydd
Y darn o bren fel drychiolaeth sydd
   Yn aros dan fy llygaid,
A'r olwg arno yn wastad sydd
   Yn uffern yn fy enaid.

Tyred, Arglwydd Iôr, i Lawr

Tyred, Arglwydd Iôr, i lawr
Tyred yn dy gariad mawr;
Tyred, una ni bob un
Yn dy gariad pur dy hun.

O llefara air yn awr,
Gair a dynn y nef i lawr;
Ninnau gydag engyl nen
Rown y goron ar dy ben.

Yma nid oes gennym ni
Neb yn arglwydd ond tydi
Ac ni cheisiwn arall chwaith
Oesoedd tragwyddoldeb maith.

Arglwydd, disgyn oddi fry,
Ac yn awr o fewn dy dŷ
Tyn ni atat, gwna ni'n un
Yn dy gariad pur dy hun.

Fy Nhad

Ei Feddargraff:
Cristion a gwron pob gwiredd — ydoedd,
　Ceidwadwr tangnefedd;
Rhodio wnaeth mewn anrhydedd,
Barthau byd hyd borth y bedd

Y ddolen olaf rhyngwyf
　A'r maith orffennol mawr,
A dorrwyd pan ddisgynnodd
　Fy annwyl dad i lawr;
Ar geulan tragwyddoldeb
　Rhaid i mi sefyll mwy,
Nes syrthiaf megis yntau
　I'r dyfnder dan fy nglwy'.

Dros oedran yr addewid,
　Blynyddoedd henaint dwys,
Mewn heddwch ac anrhydedd,
　Disgynnodd dan y gwys;
Yr oedd yn amser disgwyl,
　Y newydd pan y daeth;
Ond nid oedd gwybod hynny
　Yn lleddfu awch y saeth.

Wnaeth cyfoeth ddim i'w godi
　Nid oedd ond dyn tlawd,
Na feddai ŵr cyfoethog
　Yn gefnder nac yn frawd;
Er hynny meddai enw
　A hawliai barch di-ffael,
Y rhoesai llawer yswain
　Ei gyfoeth am ei gael.

Ni wyddai fawr am Reitheg,
    Nac am areithiau gwneud;
Er hyn y clywais lawer,
    Wrth sôn amdano'n dweud,
Fod effaith yn ei eiriau,
    A myned yn ei lais,
Pan bleidiai gred a rhinwedd
    Yn erbyn twyll a thrais.

Doedd ryfedd fod y capel,
    A'r annedd ar ei ôl,
Yn wagle gwir deimladwy
    I lawer cynnes gôl;
Nid rhyfedd chwaith oedd gweled
    Llaweroedd trist eu gwedd,
Yn hebrwng ei weddillion
    I'w gosod yn y bedd.

Heb dad na mam yn aros,
    Gwag fydd Llandderfel mwy,
Ar lawer ystyr gyfyng
    I galon dan ei chlwy';
Waith faint o geraint agos
    Arhosant yn y wlad;
Does neb all lenwi'r gwagle
    A lenwai mam a thad.

Dirgelwch ei ddylanwad
    Oedd ei egwyddor bur,
Ei gyson sêl dros rinwedd
    A'i gariad at y gwir;
Ni wyddai ddim am ragrith:
    Dyn gonest, didwyll, oedd,
A'i rodiad yn y dirgel
    Yn gymwys fel ar g'oedd,

Âi ef i'r cyrddau bychain,
    'Run fath â'r cyrddau mawr;
I'r ysgol ar gyfeillach
    Fel cyrddau gorau'r llawr;
Beth bynnag y gwasanaeth
    Fe fyddai yn ei le,
Pwy bynnag fyddai'n gweini,
    A'i galon gydag e'.

Hen lennyrch dyddiau mebyd
    Anwylach ŷnt o hyd:
Gan fywyd a marwolaeth
    Cysegrwyd hwynt i gyd;
A'r fynwent lle gorffwysant
    Eu tawel drwmgwsg hir,
Er mor gyffredin gynnau,
    A wnaed yn sanctaidd dir.

Syniadau fil ymsaethant
    Wrth feddwl am y bedd;
Melltenant drwy'r ymennydd
    Yn wyllt gyffrous eu gwedd:
Ond anhawdd ydyw dilyn
    Meddyliau ar eu taith;
Ac ofer hwyrach ceisio
    Eu dal â thidau iaith.

Distawrwydd sydd weddusaf,
    I ddwyster glan y bedd;
'Dall geiriau byth gystadlu
    Â dawn galarus wedd;
Distawaf; clust y marw,
    Fy ngeiriau byth ni chlyw:
Y marwnadau gorau
    Yw gofal am y byw.

Pymtheg Swllt y Mis

Disgwylir i mi wisgo'n glyd,
    Ac edrych yn galonnog,
A phrynu llyfrau lawer byd,
    A rhoddi llawer ceiniog:
Ond dwedwch imi pwy all gael
    Na llyfr, na chob, na chrys,
Na dim ond ymborth sych a gwael
    Am bymtheg swllt y mis?

Dywedant wrthyf am fawrhau
    A charu fy uwchafiaid,
Tra gwneir i mi wneud gorchwyl dau,
    Er mwyn cael hanner tamaid:
Ond dwedwch pwy all roddi parch
    Na chariad dan ei chwys
I'r hwn sy'n gwneud ei fedd a'i arch
    Am bymtheg swllt y mis?

Sarheir fi am fy mod yn llwm,
    A bod fy mhlant yn garpiog;
Danodir imi olwg llwm
    Fy ngwraig gan bob cymydog:
Ond d'wedwch pwy all gadw gwraig
    Fel meistres glyd mewn llys,
Na dwyn i'w blant na gwisg na saig
    Am bymtheg swllt y mis?

Siaradir wrthyf beunydd bron
    Am werth y Banc Cynilo,
A'r ffordd i droi y geiniog gron
    Yn filoedd cyn heneiddio;
Ond dwedwch pwy o'r hen i'r llanc,
    Er maint ei boen a'i chwys,
All roddi ceiniog goch mewn banc
    O bymtheg swllt y mis?

Rhybuddion ddisgyn ar fy nghlust
    Rhag syrthio byth yn isel,
A gelwir ar y nefyn dyst
    Y gallwn fod yn uchel:
Ond dwedwch droswyf wrth y dyn
    Nad allaf fod yn is,
Na chodi mwy na'r marw'i hun
    Ar bymtheg swllt y mis.

Fy nghadw wneir yn adyn tlawd
    Er mwyn ymgyfoethogi,
Mae'r dyn yn pesgi ar fy nghnawd,
    Ac ar fy ngwaed yn meddwi;
Ond gwell yw gennyf baratoi
    Fy nghynnar fedd mewn chwys,
Na bod yn feistr fedrai roi
    Ei bymtheg swllt y mis.

Gwerth yr hyn sydd gennyt

Mi glywais lais awdurdod
   O bellter amser gynt,
Yn atsain drwy yr oesau,
   Fel taran ar ei hynt;
A'r llais mewn geiriau glywais
   Yn dweud wrth glust o gnawd
"Gwerth yr hyn sydd gennyt
   A dyro i'r tylawd."

Mae'r llais i'w glywed heddiw,
   Mor groyw ag erioed,
Yn dweud wrth bob goludog
   O bob ystlen ac oed –
"Gwerth yr hyn sydd gennyt
   A dyro i'r tylawd;
I'r truan a'r anghenus
   Bydd gyfaill pur a brawd."

Mae'n dweud wrth Arglwydd Penrhyn
   Ac wrth Ardalydd Môn,
Wrth Mostyn a Syr Watcyn,
   Ac wrth Syr Robert Vaughan
"Gwerth yr hyn sydd gennyt
   A dyro i'r tylawd."

Mae'n dweud wrth Esgob Bangor,
   Llanelwy a Llandaf;
Ac wrth yr offeiriadon
   Sy'n byw ar fraster haf
"Gwerth yr hyn sydd gennyt,
   A dyro i'r tylawd."

Mae'n llefain yn yr eglwys
    Ac yn y capel mawr,
Wrth wŷr y brethyn llydan
    O'r dechrau hyd yn awr:
"Gwerth yr hyn sydd gennyt,
    A dyro i'r tylawd."

Yr hwn mewn gair gyffesi
    Addoli megis Duw
Sydd yn gorchymyn i ti
    Mewn geiriau pendant, byw –
"Gwerth yr hyn sydd gennyt,
    A dyro i'r tylawd."

Os wyt am wrthod gwrando
    Os meiddi di nacau,
Nid ydwyt ond rhagrithiwr
    Mewn ffugiol ddillad gau;
Mae celwydd ar dy wefus
    A rhagrith lond dy fron,
Ac uffern yn dy ymyl,
    Heb os, yr eiliad hon.

Os wyt am fod yn gristion
    Rhaid iti dderbyn Crist;
A derbyn ei ddysgeidiaeth
    Yn llawen, nid yn drist;
Rhaid iti roi dy olud
    Yn feddiant i'r tylawd;
Yn feddiant cymdeithasol
    I ti ac i dy frawd.

Mae Gweddi fy Mam ar fy Rhan

Mae llais fy nghydwybod yn uchel lefaru
    Gan ddilyn fy llwybrau o hyd i bob man,
Heb atal fy nghamau brysurant i bechu,
    Na chodi fy ngolwg mewn galar i'r lan;
Ond ar fy ngwyllt redfa i warth a chyflafan,
Ar ganol fy ngyrfa ataliaf fy hunan,
Fel un wedi'i daro â dwrn trwm y trydan,
    Pan gofiwyf fod gweddi fy Mam ar fy rhan.

Dysgeidiaeth yr ysgol a doniau'r areithfa,
    A fuont hyd yma i gyd yn rhy wan
I agor fy nghalon i deimlo'm sefyllfa,
    Na'm llygaid i weled y llid yn y man;
Anghofiais y cyfan fel breuddwyd y borau
Diflannodd eu heffaith fel niwl y mynyddau,
Ac nid oes yn aros ond argraff gweddïau
    Gweddïau dwys taerion fy Mam ar fy rhan.

Mae Haul y Cyfiawnder yn uchder y nefoedd,
    A'i lewyrch tanbeidiol yn llanw pob man;
Er hynny ni welaf ei lewyrch – fel miloedd
    Dall ydwyf yn nghanol goleuni mor gan;
Ond er na chanfyddaf danbeidrwydd yr Heulwen,
Na fflachiad y fellten ar fron y ffurfafen,
Traidd pelydr i'm llygaid – goleua fy wybren,
    Pan gofiwyf fod gweddi fy Mam ar fy rhan.

Mae pob gweinidogaeth yn methu fy nhoddi,
    Fy ngh'ledwch ddiffodda bob fflam yn y fan;
Y gwres a ddiflana yn ymyl fy oerni
    Does oerach na ch'letach mewn dinas na Llan;
Er hynny, daw teimlad byw allan o'i loches,
A chydag ef ddagrau llifeiriol a chynnes,
A thodda fy nghalon fel cwyr yn fy mynwes,
    Pan gofiwyf fod gweddi fy Mam ar fy rhan.

Peroriaeth y nefoedd a foddir gan grochgri
    A chrechwen aflafar ynfydion y fan;
Sŵn dawns, a digrifwch gwallgofus ddrygioni,
    Wnânt ruad y daran o Sinai yn wan;
Ond wele, mae atsain fain, ddistaw a gyfyd,
Er gwaethaf y dadwrdd a'r cynnwrf cymysglyd,
Yn uwch na bloeddiadau y lliaws terfysglyd –
    Sef atsain gweddïau fy Mam ar fy rhan.

Yn nyfnder fy llygredd, pan gofiwyf ei gweddi,
    Cyfodaf fy ngolwg mewn gobaith i'r lan;
Hiraethaf am gymorth i adael fy mryntni,
    A gras i fucheddu yn well yn y man;
Ac os caf fy nghodi gan ras o'r dyfnderoedd,
A'm dwyn i gartrefle y perffaith ysbrydoedd,
Yng nghanol gogoniant a gwynfyd y nefoedd,
    Diolchaf am weddi fy mam ar fy rhan.

Gwyliau Llawen (1861)

Gwyliau llawen i'r wlad i gyd
    Dyged yr hen Nadolig;
Rhodded ei wenau ar bob pryd,
    Y diwrnod cysegredig;
Taened ei roddion ar bob bwrdd
    Ar ddiwrnod ei orseddiad
Diwrnod i berthnasau gwrdd
    I gadw gwŷl o gariad.

Llosged y tân am oriau'n hwy
    Yn gynnes ar yr aelwyd;
Cysged y teulu unwaith mwy
    I gyd dan yr un gronglwyd;
Caffed y fam ei merch i'w chôl,
    A'r tad ei fachgen ddisgwyl
Deued y plant i gyd yn ôl
    O gylch yr aelwyd annwyl.

Teulu'r llafur mewn estron wlad,
    Ac adref teulu'r gwasgar
Croeso a gewch yn nhŷ eich tad,
    A'r hen gymdogaeth hawddgar:
Myned os rhaid drachefn i ffwrdd,
    Bydd gobaith yn eich dilyn
Gobaith o hyd am hyfryd gwrdd
    Drachefn yn mhen y flwyddyn.

Cariad gyferfydd gariad pur,
    A chyfaill hoff ei gyfaill,
Lleddfa hynny eu hawchlym gur,
    Heb wneuthur drwg i eraill:
Llawer ysgafnach fydd eu baich,
    A byrrach fydd y flwyddyn;
Cryfach hefyd a fydd eu braich
    I wneud y gwaith a ddilyn.

Rhoddwch y bwyd ar fyrddau'r wledd,
    A dygwch y danteithion;
Dawnsied llawenydd ar bob gwedd,
    O gylch y byrddau'r awron;
Chwydded y gân yn llawen fry,
    A brysied yr ymddiddan;
Diwrnod yr ŵyl yn fuan ffy
    Fel dyddiau eraill allan.

Cofiwch y tlawd ar ddydd yr ŵyl,
    Tosturiwch wrth y truan,
Isel ac oer a fydd yr hwyl
    Tra bydd y noethlwm allan.
Cofiwch fod dyn i ddyn yn frawd,
    Er iddo fod mewn tlodi
Perchwch deimladau'ch brodyr tlawd,
    A gwnewch eich rhan i'w llonni.

Gwyliau Llawen

Gwyliau llawen a golau i'w llywio
Dros yr Ynys yn ddilys a ddelo;
A gwledd i Walia, gladda ei wylo,
A nef i'w llesiant wnaf ewyllysio;
Goludoedd filoedd a fo – iddi'n rhan
A chwysi o arian i'w chysuro.

Heddwch a dedwyddwch deued iddi,
Tra nos a dydd boed llawenydd i'w llonni,
Y wasg galonnog yn wisg goleuni
Disgleiried ac ymdynned amdani,
Yn orau fraint awyr o fri – lle bydd
Llu o'i charennydd oll i'w choroni.

Gwyliau llawen i'r gwael ar anghenog
Bwyd i wenu ar y byd newynog;
Yn dŵr o gariad gwneler drugarog
Wledd i galedi o lwydd y goludog:
Mesur gras amser y grog – i fawr lu
I wir lesiannau, wŷr elusennog.

Cân ein Gwirfoddolion

Dywedwch wrth y gelyn draw
    Fod Prydain dan ei harfau,
Fod miloedd na theimlasant fraw
    Erioed o dan eu bronnau,
A'u gwn ar eu hysgwydd, a'u cledd ar eu clun,
A llaw fedr eu harfer yn ymyl pob un;
    A'u gwn ar eu hysgwydd a'u cledd ar eu clun,
    A llaw fedr eu harfer yn ymyl pob un.

Dywedwch wrth yr hen a'r gwan
    Am fod yn eithaf tawel,
Oblegid ni ddaw drwg i'w rhan
    Am fod y tlawd a'r uchel
A'u gwn ar eu hysgwydd, a'u cledd ar eu clun,
A llaw fedr eu harfer yn ymyl pob un;
    A'u gwn ar eu hysgwydd, &c.

Dywedwch eto wrth y llu,
    Rhowch urddas ar eich arfau;
Na roddwch le i'r gelyn du
    Sarhau eich gweithrediadau;
I'r gwn ar eich ysgwydd a'r cledd ar eich clun,
Rhowch law fedr eu harfer i gario pob un;
    I'r gwn ar eich ysgwydd, &c.

Dyweded pawb na chaiff ein gwlad
    Ddioddef dirmyg estron,
Na syrthio byth dan warthrudd brad,
    Tra bydd ein Gwirfoddolion
A'u gwn ar eu hysgwydd, a'u cledd ar eu clun,
A llaw fedr eu harfer yn cario pob un:
    A'u gwn ar eu hysgwydd, &c.

Cwyn yr Eneth Lân Dlawd

Trowch, wŷr, eich llygaid anllad draw.
   D'ewch lonydd i eneth dlawd;
Peidiwch â gafael yn fy llaw,
   Mae gwenwyn yn eich cnawd.
Cadwch eich twyllodrus wên,
   A'ch gweniaith i chwi eich hun;
Rhewed eich geiriau ar eich gên,
   Cyn cyrraedd clust yr un.

Hagrwch a gaiff lonyddwch llawn,
   Ond ni chaiff harddwch ddim,
Os na bydd aur yn helaeth iawn
   O amgylch iddi yn rym:
Llonydd nid oes mewn unrhyw fan,
   I eneth lân dylawd –
Tybied mae'r byd ei bod yn wan,
   'N ogystal â glân ei chnawd.

Ni ddaw y llanc o isel radd
   Yn agos i ddweud ei serch;
Tegwch ei gruddiau sydd yn lladd
   Ei obaith am gael y ferch:
Ofna na châi ei gariad pur
   Ei chariad hithau'n ôl;
Er fod ei chariad yn codi cur
   Amdano efyn ei chôl.

Meibion yr aur sydd ar fy ôl,
   Lle bynnag yr af, maent hwy;
Tybiant fy mod yn ddigon ffôl,
   Am arian, i dderbyn clwy':
Twyllo maent hwy o hyd am wneud –
   Nid allant fy ngharu ddim;
Gwrident pe clywent neb yn dweud
   Eu bod hwy yn gariad im'.

Daliant fi ar fy mhen fy hun,
    I sibrwd yn fy nghlust
Eiriau na wnaent wrth barchus fun –
    Lle na bydd yr un yn dyst:
Ceisiant fi yn y gongl a'r gwyll,
    Lle nad oes goleuni dydd,
Herwydd na ddeil eu nwydau hyll
    Edrychiad un llygad rhydd.

Tegwch sydd fagl i eneth dlawd,
    Gofidiau a chroesau ddwg;
Hudol yw aur y byd i gnawd,
    A glendid i galon ddrwg.
Dedwydd yw bron y fenyw sydd
    Heb ddim i ddenu rhai ffôl,
Na neb i'w garu ond a rydd
    Ei chariad yn bur yn ôl.

Ciliwch i ffwrdd ellyllon hyll,
    Mae sawyr tân ar eich cnawd;
Uffern ei hun yn flysig syll
    Drwy'ch llygaid ar eneth dlawd;
Cochion eich dwylo euog chwi
    Gan waed diniwed rai,
Ac ar eich ôl mae uchel gri
    Am ddial mor fawr â'ch bai.

Edrych, O Arglwydd, yn dy wg,
    A llanw eu bron a braw,
Cadw fy nghalon wan rhag drwg,
    A gyr y rhai anwir draw;
Arwain fi ar fy llwybr o hyd,
    Nad elwyf yn destun gwawd,
A boed y nefoedd fawr i gyd
    Yn blaid i dy forwyn dlawd.

Gweddi Gwaith

Roedd Hywel mewn cyfyngder mawr
    Bron marw eisiau ymborth;
Ac yn ei boen o awr i awr
    Gweddïai am gael cymorth;
Ond er gweddïo'n aml a thaer
    Mewn cyflwr gwir druenus,
Bu farw yn ei warth a'i wae
    Â gweddi ar ei wefus.

Gweddïai heb ymdrechu dim
    I ennill gwaredigaeth;
Disgwyliai ateb oddi fry,
    Heb wneuthur un gwasanaeth;
Ond ni ddaeth ateb byth i lawr,
    A'r truan ŵr fu farw;
Yn sicr mae pawb yn gwybod mai
    Gweddïwr gwael oedd hwnnw.

Roedd eisiau bwyd ar Rhys ei frawd
    Mor fawr ag eisiau Hywel;
Ond ni ddaeth deiseb dros ei fant
    Mewn geiriau gweigion uchel;
Yn hytrach brysiodd yn y fan
    I geisio gwaredigaeth –
Ac ni ddiffygiodd nes y ca'dd
    Ddigonedd mewn gwasanaeth.

Gweddïodd Rhys mewn buddiol waith,
  Gweddïodd mewn gwasanaeth;
Ymdrechodd heb ddiffygio dim
  Nes cafodd waredigaeth;
Cynorthwy braich a gweddi gwaith
  Ai cadwodd ef rhag marw –
Yn sicr mae pawb yn gwybod mai
  Gweddïwr iawn oedd hwnnw.

Y dyn a gwyd ar doriad gwawr
  I aru a gwrteithio,
O ddydd i ddydd yn ddiau sydd
  Mewn sylwedd yn gweddïo;
A dweud y gwir mae gweithred bur
  Yn erfyn hwyr a borau;
A gŵyr pob un mae diwyd ddyn
  Sydd yn gweddïo orau.

Ymdrechion gyda rhwystrau fil
  Er mwyn y wraig a'r teulu,
Esgynnant yn weddïau taer
  Am fodd i'w hanrhydeddu;
Os rhaid cael gweddi nos a dydd
  I ddal dan orthrymderau,
Ochenaid braich a gweddi gwaith
  Yn sicr yw'r weddi orau.

Bu Fyw a Bu Farw
yn Weithiwr Tlawd

Roedd Morgan yn fedrus ddigymar fel dyn
   Fe weithiai i eraill fel iddo ei hun;
Diwydrwydd a'i nodai, rhagorol ei bwyll;
   Ni wyddai beth ydoedd diogi a thwyll –
A gweithiodd nes ydoedd yn hen ac yn llwyd.
   Yn rhy hen ac egwan i ennill ei fwyd –
Roedd Morgan yn weithiwr; er hynny drwy ffawd,
   Bu fyw a bu farw yn weithiwr tlawd.

Roedd Morgan yn onest fel gweithiwr a dyn,
   Yn onest i eraill fel iddo ei hun;
Ymdrechai wneud popeth mor dda ag oedd modd;
   Gwneud popeth yn gampus a'i gwnâi wrth ei fodd;
Gwnâi bopeth yn drwyadl a phopeth yn llwyr
   A'i bleser oedd gweithio yn fore a hwyr;
Roedd Morgan yn onest; er hynny drwy ffawd,
   Bu fyw a bu farw yn weithiwr tlawd.

Roedd Morgan yn eirwir mewn meddwl a gair
   Ni thraethai anwiredd am glodydd nac aur,
Roedd purdeb ei galon i'w weld ar ei bryd,
   A'i serch at wirionedd yn amlwg o hyd;
Roedd ef yn y dirgel 'run fath ac ar goedd –
   Ni cheisiai ymddangos fel rhywun nad oedd;
Roedd Morgan yn eirwir; er hynny drwy ffawd
   Bu fyw a bu farw yn weithiwr tlawd.

Roedd Morgan yn gynnil, yn gryf, ac yn iach,
    Ni fygai, ni yfai, ni wisgai fel gwrach;
Ni chollai ei amser i gadw dydd gwyl,
    Ni wariai ei arian i godi rhith hwyl;
Mewn balchder ni cheisiai ddynwared gwŷr mawr;
    Fu neb mwy gofalus erioed ar y llawr;
Roedd Morgan yn gynnil; er hynny drwy ffawd
    Bu fyw a bu farw yn weithiwr tlawd.

Roedd Morgan yn onest, yn eirwir, a da,
    Yn rhy dda i lwyddo mewn byd llawn o bla;
Roedd hefyd yn gynnil a diwyd o hyd,
    A'i fywyd yn goron i weithwyr y byd;
Nid oedd ei ragorach mewn dinas na gwlad,
    Na neb yn deilyngach o lwydd a mawrhad;
Roedd Morgan yn angel; er hynny drwy ffawd
    Bu fyw a bu farw yn angel tlawd.

Y cryf a'r dichell-ddrwg, y llwynog a'r cna'
    A'r adyn all dwyllo lle bynnag yr a';
Y sawl all ragrithio a gweithio mewn gwawd
    Ddu rwyd o anwiredd i ddrygu ei frawd:
Y dyn di-gydwybod, di-deimlad, di-fraw,
    All frathu cymydog wrth ysgwyd ei law,
Yn unig all elwa ar golled ei frawd,
    A gwneuthur ei lwyddiant o aflwydd y tlawd.

Ar i Fyny

Ar i fyny mae fy llwybr,
 Ar i fyny nos a dydd;
Rhiwiau serth a gelltydd creigiog
 Byth o flaen fy wyneb sydd;
Ac nid oes ar dde nac aswy
 Gysgod coeden, gwrych, na gwal;
Na diddosfa rhag yr heulwen
 I fy noddi a fy nal.

Ar i fyny mae fy ngyrfa,
 Bryn uwch bryn sydd o fy mlaen;
Ac mae argraff traed drylliedig
 O fy ôl ar lawer maen:
Nid oes dwfr i'm disychedu
 Nid oes meddyg i'm iachau –
Na chyfeillion i'm cysuro,
 Tra mae 'nghlwyfau yn amlhau.

Ar i fyny mae fy nhynfa
 Ar i fyny ddydd a nos,
Heb ymgeledd adnewyddol
 Na gorffwysfa ond y ffos;
Rhaid yw dringo dros y creigiau,
 Dan orfodaeth ffawd a rhaid –
Heb obeithion i'm diddanu,
 Na hyderus ffydd yn blaid.

Ar i fyny bydd fy wyneb,
 Rhwng y creigiau ar bob llaw,
Nes cyrhaeddaf grib y mynydd
 Uchaf yn y pellter draw:
Ond ar ôl cyrhaeddyd yno,
 Caf orffwyso byth mewn hedd;
Heb lafurio na gofidio
 Yn y tawel isel fedd.

Dragwyddol, Hollalluog Iôr

Dragwyddol, hollalluog Iôr,
    Creawdwr nef a llawr,
O gwrando ar ein gweddi daer
    Ar ran ein byd yn awr.

Yn erbyn pob gormeswr cryf
    O cymer blaid y gwan;
Darostwng ben y balch i lawr
    A chod y tlawd i'r lan.

O'r golud anchwiliadwy sydd
    Yn nhrysorfeydd dy ras,
Diwalla reidiau teulu dyn
    Dros wyneb daear las.

Bendithia holl dylwythau dyn
    Â rhyddid pur a hedd,
A gad i bawb gael byw heb ofn
    Dan nawdd dy ddwyfol wedd.

Ymostwng atom yn dy ras,
    O gwrando ar ein cri,
Ac mewn trugaredd, Arglwydd Iôr,
    Yn dirion ateb ni.

John Jones, Talsarn

Y corwynt ysgythrog a ruthra drwy'r wlad,
 Â iechyd i'r bobl ar ei edyn;
Os cwympir y dderwen a saif ar ei ffordd,
 Daw derw cadarnach i'w dilyn;
Rhyw gorwynt ysgythrog o'r nefoedd oedd ef
Yn erbyn anwiredd, mewn gwlad ac mewn tref;
Ond clywid o hyd yng ngerwinder ei lef
 Fod heddwch a bywyd i'r gelyn.

Daw cwmwl caddugol dros wyneb yr Haul
 Rhy dew i'r goleuni ddod drwyddo;
A'r mellt a'r taranau o hyd bob yn ail
 Yn gwau yn y gwagle o dano;
Rhyw gwmwl oedd ef yn ffurfafen y byd
A mellt a tharanau yn llanw ei fryd
Yn erbyn anwiredd, ond gwelid o hyd
 Oleuni drwy'r caddug yn fflachio.

Y mynydd a gyfyd yn uchel ei ben,
 Gan sefyll yn gryf ar ei wadnau;
Ymddyrcha'n fawreddog i lysoedd y nen
 Uwchlaw y caddugol gymylau;
A mynydd oedd yntau, uchelgrib a mawr,
A'i ben yn y nefoedd a'i draed ar y llawr,
A thynnai fendithion o'r uchder i lawr,
 Ar edyn ei fellt a'i daranau.

Tu draw i'r tywyllwch yn nyfnder y nos
 Mae'r Seren yn dal i oleuo;
Ac yn y tywyllwch mae'i golau yn dlos,
 A'i golau drwy'i dewder yn treiddio;
Goleuad oedd yntau yn wybren y byd,
A ddaliai i oleuo yn ddisglair o hyd,
Yn nghanol ei ddudew dywyllwch i gyd,
 Gan dynnu y byd tuag ato.

Mor gref ar ei gwadnau, mor gadarn yw'r graig
    Mae'r corwynt yn ddi-rym i'w herbyn;
Ni lwydda gwanegau cynddeiriog yr aig
    I'w siglo na'i symud o'i therfyn;
Ac yntau drwy'i fywyd oedd graig ar y traeth,
A ddaliai'r corwyntoedd, y tonau, a'r saeth
Heb grynu, heb symud, ac heb fod yn waeth,
    Pan beidiai cynddaredd ei elyn.

Ond wele symudwyd y mynydd o'i le,
    A'r gwagle o'i ôl oedd yn helaeth;
Symudwyd ein blaenor o'r ddaear i'r ne',
    A gwelwyd ei golli ar unwaith;
Dywedai y gwagle o'i ôl fod un mawr
Ac uchel ei ben wedi gadael y llawr,
A theimlir y gwagle o'i ôl hyd yn awr,
    Dros gyrrau yr holl Dywysogaeth.

Y Seren a syrthiodd o'r entrych i lawr,
    A'i llewyrch tanbeidiol a gollwyd;
Ac yntau pan giliodd i fynwes y llawr,
    Ffurfafen ein gwlad a dywyllwyd:
Fe gollwyd y Seren dywysai yr oes,
Trwy ganol tywyllwch y byd at y Groes
A llawer pererin crynedig a roes
    Ochenaid, a gwaedd pan ei gollwyd.

Distawodd y daran, llonyddodd y mellt,
    A'r corwynt a beidiodd a rhuo;
A natur luddedig ymddengys fel un
    Heb fywyd ar ôl iddynt beidio:
Ac yntau pan dawodd yn hwyr ei brynhawn –
Pan beidiodd fflachiadau melltennog ei ddawn,
A'i lafar taranol – ni wyddid yn iawn
    Oedd bywyd yn unman ai peidio.

Daeargryn ysgydwodd y ddaear – a'r graig
    A lyncodd o'r golwg i'r dyfnder;
A gwelir gwanegau cynddeiriog yr aig
    Yn troi lle bu gynt yn ei chryfder;
Ac yntau, er cryfed, ddymchwelwyd i lawr
Ni welir, ni chlywir ef mwy ar y llawr;
Ond galar am dano a welir yn awr
    Yn donau ymchwyddol o drymder.

Mae'n hawdd rhoddi gormod o folawd i ddyn,
    A gormod o alar amdano;
Ond nid oes ar ddalen hanesiaeth yr un
    Teilyngach na'r blaenor ohono;
Bu'n ffyddlon hyd angau dros deyrnas ei Dad;
Ymdrechodd i godi anrhydedd ei wlad,
A rhoddodd ei wyneb yn erbyn pob brad
    Fel llew yn ei rym yn mynd rhagddo.

Mae wylo'n naturiol ar ôl y fath ddyn,
    A molawd yn eithaf cyfreithlon;
Enwogrwydd didranc wrth ei enw a lŷn
    Ac yntau ei hun dan ei goron.
Gwnaeth argraff ar feddwl a dullwedd yr oes,
Arweiniodd laweroedd ymlaen at y Groes
Mewn llawer cymdogaeth – a'r nefoedd a roes
    Ei sêl ar ei ddiflin ymdrechion.

Ac os yw yn dywyll o amgylch ei fedd,
    Mae'r golau sy'n aros yn ddigon
I lunio ei gysgod yn awr ar ei sedd,
    O dan ei anrhydedd a'i goron.
Ar fynwes pob pelydr a ddisgyn i lawr
Mae'i ddelw'n baentiedig â lliwiau y wawr,
A gwelir hi'n amlwg, gan filoedd yn awr,
     llygaid parchedig atgofion.

Os disgyn y dagrau yn gawod i lawr,
    O grombil cymylau marwolaeth –
Y golau tu draw gyda lliwiau y wawr,
    A'u newid yn enfys o obaith;
Edryched y byd ar yr enfys uwch ben
Y bedd, lle gorwedda dan dywyll oer len,
A'r golau a ddisgyn mor ddisglair o'r nen,
    I ganol tywyllwch ei hiraeth.

Os suddodd y graig welid gynt ar y traeth,
    Mae Craig fawr yr oesoedd heb suddo –
A'r mynydd uchelgrib, o'r golwg os aeth,
    Mae mynydd Calfaria heb gilio:
Ar Graig fawr yr oesoedd gosodwn ein traed,
Ar fynydd Calfaria dan arwydd y gwaed,
Ac yno cawn olau ar bopeth a wnaed,
    A thestun i ganu'n lle wylo.

Os codir cofadail benigamp a hardd,
    Mae'i enw yn deilwng ohoni;
Os cenir galargan deimladol gan fardd,
    Ni ddigia un Sant am ei foli;
Ond nid oes cofadail na chân o un rhyw
Yn eisiau i gadw ei enw yn fyw –
Mae'i enw'n gerfiedig ar galon ei ryw;
    A'i glod yn ei waith yn bodoli.

Ar ôl Popeth daw Rhywbeth

Os digwydd iti golli'th waith
    A bod yn faith heb orchwyl,
Ac hwyrach deulu wyth neu naw
    Wrth waith dy law yn disgwyl;
Tafl dy olygon draw yn bell
    Daw amser gwell yn ddifeth
A dywed dan bob baich a pheth,
    Ar ôl pob peth daw rhywbeth.

Os yw dy serch ar ferch y go'
    A honno yn dy wrthod,
A thithau fel pe byddit heb
    Fodoldeb ar ôl gwybod;
Dy lygad tro yn chwim a chall
    Ar arall hawddgar eneth,
A dywed dan bob baich a pheth,
    Ar ôl pob peth daw rhywbeth.

Pan fyddo cystudd yn dy dŷ
    A thithau'n nychu'th hunan
Dan bwys dy ofal a dy gur,
    A'th fron yn bur anniddan:
Tafl dy olygon draw yn bell,
    Daw amser gwell yn ddifeth;
A dywed dan bob baich a pheth,
    Ar ôl pob peth daw rhywbeth.

Os colli di rywbryd dy bwrs,
    Wrth gwrs bydd hynny'n golled,
A byddi dithau am y tro
    Bron digio wrth dy dynged;
Ond gwell i ti na phoeni'th hun
    Wneud un drachefn yn ddifeth;
A d'wedyd dan bob baich a pheth,
    Ar ôl pob peth daw rhywbeth.

Ar ôl y glaw daw heulwen glir,
    A haf ar ôl hir aeaf:
Daw'r morwr, er mor bell ei daith,
    Yn ôl o'r fordaith bellaf:
Gan hynny edrych di yn bell,
    Daw amser gwell yn ddifeth –
A dywed dan bob baich a pheth,
    Ar ôl pob peth daw rhywbeth.

Y Deyrnas

Llefara, Iôr, nes clywo pawb
    Dy awdurdodol lais,
A dyro iddynt ras i wneud
    Yn ôl dy ddwyfol gais.

Goresgyn, â galluoedd glân
    Dy deyrnas fawr dy hun,
Bob gallu a dylanwad drwg
    Sydd yn anrheithio dyn.

Teyrnasa dros ein daear oll,
    Myn gael pob gwlad i drefn,
O adfer dy ddihalog lun
    Ar deulu dyn drachefn.

Gwna'n daear oll fel Eden gynt,
    Yn nefoedd fach i ni,
A bydded, tra bo'n ddaear mwy,
    Yn sanctaidd deml i ti.

Mae'r Nos yn Dyfod

Mae angerdd y gwres yn llai,
    A'r heulwen braidd yn lleddfu;
Mae'r blodau yn dechrau cau
    Eu llygaid tlos i gysgu;
Y gwartheg a frefant draw,
    Ac ânt i'w lle yn barod,
A'r forwyn a'r gynog ddaw
    Am fod y nos yn dyfod.

Gostynga yr haul ei ben
    I orwedd yn ei wely,
Gan dynnu yr eurog len
    O gylch ei ben i gysgu;
Daw'r sêr, ei forwynion claer,
    I weini arno'n barod,
A gwylied o gylch ei gaer,
    Am fod y nos yn dyfod.

Mae'r llenni bron gorffen cau
    Dros wedd yr haul yr awron,
A'r caddug sydd yn nesáu
    Ar ei adenydd duon;
Yr awel a chwytha'n oer
    'Rôl colli gwres y diwrnod,
Ac allan o'i thŷ daw'r lloer
    I gwrdd y nos sy'n dyfod.

Y gweithiwr sydd oddi wrth
  Ei lafur yn dychwelyd;
Mae natur i gyd yn swrth,
  Lluddedig, blin, a chysglyd:
Pob gwrthrych yn barod sydd
  I ganu yn iach â'r diwrnod
A disgwyl drachefn am ddydd,
  Am fod y nos yn dyfod.

Goleuni i'w weld nid oes
  Ond golau drwy'r ffenestri,
A'r gwan oleuni a roes
  Y sêr a'r lloer wrth godi;
Tywyllwch sydd ar bob llaw,
  Distawrwydd yn mhob trigfod,
Ehedodd y diwrnod draw,
  A'r nos sydd wedi dyfod.

Mae'r teulu wrth ochr y tân
  Yn ddedwydd ac yn llawen,
Ac yno mae defnydd cân,
  Er na chlyw neb ei hacen;
Eu noswyl a gawsant hwy –
  Darfyddodd gwaith y diwrnod,
A gorffwys gânt awr neu ddwy –
  Y nos sydd wedi dyfod.

Daw amser blodeua'r pen,
  A gwynion fydd y blodau;
Daw amser y tynnir llen
  I gadw draw y golau;
Cyn delo'r adeg ddu
  Ymdrechwn fod yn barod,
A mynnwn fod yn y tŷ –
  Mae nos ein hoes yn dyfod.

Galargan

Am y Parch. Owen Owens, Manchester –
Bu farw Ebrill 15, 1860, bore dydd y Gymanfa flynyddol.

Roedd twrf ar y lan, a sŵn yn y glyn,
    Ar fore'r Gymanfa flynyddol;
Roedd gwedd y gwrandawr a'r pregethwr yn syn
    A theulu gŵr Duw yn absennol.
Gofynnai pob calon yn ddistaw mewn ofn,
    Pa ddamwain, pa ddrwg a ddigwyddodd?
Gŵr Duw, meddai ateb ochenaid ddofn ddofn,
    Ar fore yr ŵyl ymadawodd.

Roedd galar yn llenwi yr annedd lle bu,
    A sobrwydd o amgylch yn eistedd;
Roedd gwedd y ffurfafen yn drwm ac yn ddu
    A diffyg ar heulwen gorfoledd.
Ni welid drwy gylch yr eangder i gyd,
    Na seren na lloer yn disgleirio –
Pe'n amlwg ni welsid yr haul ar y pryd,
    Na dim ond y marw oedd yno.

Roedd llediaith a thrymder difrifol y bedd,
    Yng ngeiriau a llais y gweddïwr;
A chysgod y glyn oedd yn amlwg ar wedd
    Y dyrfa i gyd, a'r pregethwr.
Yn ymyl y bedd y cynhaliem yr ŵyl,
    Ar lan yr Iorddonen y safem;
A thrwy y Gymanfa yn gymysg â'r hwyl,
    Rhuadrwst yr afon a glywem.

Amdano mae galar ei deulu yn fawr,
    Ac nid yw yn alar heb achos:
Bu'n briod a thad gwirioneddol bob awr,
    Bu'n ffyddlon ymhell ac yn agos.
Mae'i le yn y teulu yn wag a di-drefn,
    Canfyddir y gwagle gan estron;
Ac er i'w blant lanw ei gadair drachefn,
    Gwag fyth fydd ei le yn y galon.

Amdano mae galar cynhyrfiol a dwys,
    Gan liaws mewn llawer cymdogaeth;
Mae gruddiau Llanrwst a Beaumaris yn gwys
    Gan dreigliad brwd ddagrau o hiraeth;
A dinas Manceinion gostyngodd ei phen,
    Arafodd ar lwybr ei digrifwch,
Anfonodd ei dolef gwynfanus i'r nen,
    A syrthiodd i'r llwch yn ei thristwch.

Mae plentyn y nefoedd, o'r angel i'r dyn,
    Yn annwyl gan Dduw a chan ddynion;
Ni dderfydd y swyn sydd yn enw yr un,
    Ni lygra'n dragywydd eu coron;
Ac nid ellir symud y lleiaf o'r llawr,
    I'r gwynfyd sydd uchod drwy farw,
Mwy nag y gall seren danbeidiol ei gwawr,
    Ymsymud drwy'r gwagle'n ddisylw.

Etifedd y nefoedd yn amlwg oedd ef –
    Roedd seren y Llys ar ei ddwyfron;
Acenion y ddinas bereiddient ei lef,
    A'i llediaith oedd ar ei gynghorion:
Pwy glywodd ei weddi ddifrifol a thaer,
    Heb glywed caniadau yr engyl?
A gweled y ddinas, ei thyrau, a'i chaer,
    A theimlo paradwys yn ymyl.

Os nad oedd ei dalent a'i ddoniau yn fawr,
    Os nad oedd ei ddysg yn nodedig,
Roedd yn ei dduwioldeb a'i brofiad yn gawr
    Fel angel 'mysg dynion llygredig.
Ni allodd y byd, sydd mor barod i droi
    Ei fys at golliadau duwiolion,
Gael allan achlysur nag esgus dros roi
    Ei barddu erioed ar ei goron.

Mae'r angel distadlaf trwy'r cread yn fwy
    Na'r ellyll dysgedig a doniol;
Fe bery dylanwad ei eiriau yn hwy,
    A mwy fydd eu lles cyffredinol.
Adeiladu o hyd, er yn araf, wna'r sant,
    Dinistrio'n ddiddiwedd wna'r ellyll
Tra disgyn acenion y nef dros ei fant,
    Mae'i galon a'i fywyd yn erchyll.

Roedd sêl difrifoldeb, gwybodaeth a barn,
    Bob amser yn llenwi'i bregethau;
Eglurai bob meddwl, a phrofai bob darn,
    Wrth reol yr hen Ysgrythyrau;
Os dygai'r un hanes yn fynych gerbron,
    Gwnâi'r hanes bob tro fel yn newydd;
Gwnâi galon y Cristion yn ysgafn a llon,
    A sobrai feddyliau'r anufudd.

Ond marw yw diwedd y da fel y drwg
    Er cymaint ei werth ymadawodd;
Ond nid oedd yn marw'r gweinidog ddim gwg;
    Gwir glod ar ei ôl a adawodd;
Ac er fod ein galar yn chwyddo drwy'r ŵyl,
    A'r llifyn y glyn yn ewynnu,
Roedd teulu Paradwys yn cyrchu mewn hwyl
    I ymyl y lan i'w groesawu.

Fe dderfydd y caddug yn ngolau y dydd,
    A'r galar a droir yn orfoledd;
'Ramheuon a droant yn obaith a ffydd,
    A'r dagrau'n llawenydd diddiwedd;
Edrychwn ar angau â llygaid o ffydd,
    A gwelwn ei deithi cysurol:
Nid ydyw ei gaddug ond toriad y dydd
    Na dderfydd ei wawl yn dragwyddol.

Dihangfa y Caethwas

Y Caethwas eisteddai ar flocyn o bren,
    Mewn caban o dywyrch a gwiail,
Heb ddim i'w oleuo ond lampau y nen –
    Nid ydoedd ei gwynion yn ddi-sail.
Du ydoedd ei liw, ond duach ei fron –
    Tywyllach ei galon gan gyffro;
Roedd cleisiau a chlwyfau agored yn hon,
    Archollion na pheidient â llifo.

Roedd olion y fflangell yn dew ar ei gnawd,
    A'i chleciad o hyd yn ei glustiau;
Ond derbyn y fflangell gan gyd-ddyn a brawd
    Âi ddyfnaf i'w dyner deimladau.
Roedd oriau ei lafur ers meitin ar ben,
    Ond ni allai orwedd na gorffwys;
Caletach na'i wely caleted a phren
    Oedd cnoad ei feddwl anesmwyth.

Meddyliodd fyrddiwnwaith mai da bod yn rhydd,
    Myrddiwnwaith meddyliodd ei geisio;
Ond rhwystrau afrifed oedd rhyngddo a'r dydd,
    A diafliaid mewn cnawd yn ei wylio.
"Beth wnaf?" meddai'i enaid, "Mae'n galed i fyw
    Ni ddichon fod dim yn fwy garw –
Marwolaeth ei hunan caletach nid yw –
    Mi fynnaf gael rhyddid neu farw."

Cyfododd yr haul, a'r caethweision fel gyr
    Ddychwelent i'r maes at eu gorchwyl;
Ei fflangell a'i lwon y gyrrwr gyd-dyr,
    I ddangos pa beth allent ddisgwyl.
Roedd pob un i'r munud fel march yn ei le,
    A'i law ar ei dasg – ond un cyndyn:
A'r gyrrwr reg-floeddiai, "Pa le mae efe?"
    Nes llanwyd pob mynwes â dychryn.

Cyfododd yr haul, a'r du gaethwas oedd draw
    Yn ofnus a blin yn ymguddio;
Roedd curiad ei galon rhwng gobaith a braw
    Fel llong ar y tonnau'n ymsiglo:
Cleciadau y fflangell ac udiad y cŵn
    Fyddarent yn ddi-baid ei glustiau
Meddyliai bob eiliad y clywai eu sŵn,
    Nes syrthiai i lewyg fel angau.

Mae'r cŵn ar ei ôl yn dyheu am ei waed,
    A dynion mwy gwaedlyd na hwythau
Mae rhai ar eu meirch a rhai ar eu traed,
    A'r ergyd yn dyn yn eu drylliau:
Rhegiadau y gyrwyr ac udiad y cŵn
    Gymysgent yn erchyll â'i gilydd,
A'r graig yn y pellter atseiniai eu sŵn
    Pan dyrfent yn nghanol y coedydd.

Lledaenodd y ddunos ei chochl dros y tir,
    A'r helwyr ddychwelent yn waglaw;
Ond tyngent na thyciai un loches yn hir
    I gadw'r ffoadur o'u dwylaw:
Cyneuent eu nwydau â gwirf a rhegfeydd
    I gychwyn drachefn ar y fory;
A'r cŵn gan frathiadau newynog gnofeydd
    Barhaent am ei waed i sychedu.

Lledaenodd y ddunos ei chochl dros y wlad,
    Ac eilwaith y caethwas âi rhagddo;
Ei galon a grynai rhag ofn i ryw frad
    Neu gynllwyn o lid ei ddatguddio;
Pob wyneb a welai meddyliai o hyd
    Fod ellyll o dano'n ymlechu –
Ni thybiodd ei galon fod dyn yn y byd
    Dosturiai wrth gaethwas mor groenddu.

Ar doriad y dydd roedd y caethwas yn bell,
   A'i ysbryd a'i gorff yn lluddedig;
Ni ddaethai'r llafurwr boreuaf o'i gell,
   Pan ddeuai i'r Llan neilltuedig;
Eisteddai ar garreg a'i law dan ei ben,
   A lluniai pa fodd i weithredu –
Edrychai i'r ddaear, edrychai i'r nen –
   Ond nid oedd goleuni'n tywynnu.

Roedd Crynwr yn sefyll ar gongol y stryd,
   A gwelodd y negro gyferbyn;
Darllenodd ei hanes ar ddalen ei bryd
   Aeth ato, a dwedodd, "Fy mhlentyn,
Nac ofned dy galon, diogel wyt ti;
   Tyrd yma ar frys i fy annedd;
Yr Arglwydd o'r nefoedd a wrendy dy gri,
   A detyd dy rwymau o'r diwedd."

Ar doriad y dydd yr oedd trwst yn y Llan –
   Udiadau a lleisiau'n cymysgu;
Cyfodai'r pentrefwyr i gyd yn y fan,
   Gan holi pa beth oedd yn tyrfu:
A'r gyrwyr ofynnent, "A welsoch chwi ddyn –
   Ffoadur, drwy'r pentref yn myned?"
Gwrandawent, edrychent, a holent bob un –
   Ond nid oedd yr un wedi'i weled.

Mae cân yn yr awel, y caethwas sy'n rhydd,
   Mae'r gyrwyr a'r cŵn wedi'u siomi;
Mae dagrau diolchgar yn golchi ei rudd,
   A'i waed gan orfoledd yn berwi.
Eistedda'n ei annedd wrth ochor y tân,
   A'i wraig a'i rai bychain o'i ddeutu
A dywed ei galon mewn moliant a chân
   Fod rhyddid yn werth i'w feddiannu.

Canwch y Byd i'w Le

Awengar feirdd natur i gyd
    Rhowch fywyd a nerth i bob cân;
I yrru gorthrymder o'r byd,
    A rhoddi caethiwed ar dân;
Nyddwch bob llinell yn gre',
    Ag englyn, cerdd, pryddest ac awdl,
Rhowch ormes a ffug dan eich sawdl
    Odlwch y byd i'w le.

Athrawon a doethion ynghyd,
    Awduron a meistriaid pob dysg,
Gwasgarwch wybodaeth a serch
    Fel heuliau o wawl yn ein mysg;
Dysgwch ar aswy a de;
    Anadlwch feddyliau o dân,
Gwnewch feddwl a buchedd yn lân
    Denwch y byd i'w le.

Ddiwygwyr a gweithwyr pob gwlad,
    Ymunwch fel byddin ynghyd,
I atal y rhai sydd yn dwyn
    Cynhyrchion eich llafur i gyd;
Codwch bob ardal a thre':
    Cynhyrfwch holl wledydd y llawr,
Chwyrn-daflwch bob gelyn i lawr –
    Mynnwch y byd i'w le.

Chwi feibion a merched y gân,
    Cysegrwch bob cyngerdd a chwrdd,
I godi cyfiawnder i'r lan,
    A gyrru pob trawster i ffwrdd;
Swynwch bob ardal a thre',
    Â thonau soniarus a phêr,
Caniadau fel miwsig y sêr
    Canwch y byd i'w le.

Deuwch i Gwmni Anian

Deuwch i ben y mynydd,
    I ben y mynydd ban –
I yfed awel iachus
    A mwyniant heulwen gan;
Esgynnwn fry dan ganu
    Ar hyd y rhiwiau serth –
Mae'n rhaid goresgyn rhwystrau
    Os mynnwn gael y gwerth.
Rwy'n hoffi pen y mynydd ban,
Mae'n llonni'r prudd a nerthu'r gwan.

Deuwch o'r myglyd drefydd
    I ganol eang wlad
I rodio hyd y meysydd
    Yng nghanol pob mwynhad;
Cawn grwydro drwy y llwyni
    Ymysg y blodau glân,
A gwrando ar yr adar
    Yn eilio llawer cân.
Rwy'n hoffi rhodio hyd y wlad,
Ynghanol harddwch a mwynhad.

Deuwch o sŵn y gweithfeydd,
    I ŵydd a sŵn y môr;
Mae yn ei sŵn a'i fawredd
    Ddiddordeb byth yn stôr;
Pan welaf ei wanegau
    Yn dilyn ton ar don,
Mae teimlad o ryfeddod
    Yn chwyddo dan fy mron,
Yr wyf yn caru gweld y môr
Anfeidrol swyn sydd ynddo'n stôr.

Deuwch i gwmni Anian,
    Mae yn ei chwmni hedd
Gogoniant yn ei gwyddfod,
    A thegwch yn ei gwedd;
Llawenydd anhraethadwy,
    I'w phlentyn hoff a rydd,
A phyrth ei holl drysorau
    Agora iddo'n rhydd.
Rwy'n hoffi cwmni Anian hardd
Mae'n fwy na llond awyddfryd bardd.

Beddargraff R. J. Derfel

Carodd ei genedl, curiodd i'w gweini;
I gyrraedd ei henaid gwariodd ynni;
Teimlo ddyn dost a dadleuodd drosti
Teimlodd a chanodd mewn hedd a chyni;
Ei ebwch a'i waedd a baich ei weddi
Oedd am ŵr yn iachawdwr i'w chodi
O lid brad, i glod a bri – a mawredd,
Iawn a gwirionedd yn goron iddi.

Mynegai Llinellau Cyntaf

Aeth Idris a'i waith adref – o derfysg 4
Am Ceiriog y mae cariad – yn wylo 2
Ar edyn chwim dychymyg clir 14
Ar fol y llyn o flaen fy nhŷ 36
Ar i fyny mae fy llwybr 62
Awengar feirdd natur i gyd 79
Blentyn bach wrth ddechrau dysgu, ... 35
Carodd ei genedl, curiodd i'w gweini; 81
Clywch, Gymry, clywch! 26
Creuddynfab arab oedd wron – coeth iawn, ... 3
Cristion a gwron pob gwiredd – ydoedd 43
Deuwch i ben y mynydd 80
Dim ond helbul byth a hefyd 16
Disgwylir i mi wisgo'n glyd, ... 46
Dragwyddol, hollalluog Iôr 63
Dywedwch wrth y gelyn draw 55
Er gwaethaf gallu Rhufain gynt 8
Er i ni weithio amser hir 22
Fy ngwlad, fy ngwlad, meddai llawer bardd 1
Gwyliau llawen a golau i'w llywio 54
Gwyliau llawen i'r wlad i gyd 52
Llawer sydd yn anrhydeddu 28
Llefara, Iôr, nes clywo pawb 69
Mae angerdd y gwres yn llai, ... 70
Mae dydd o ddialedd yn dyfod 24
Mae Gruffydd Llwyd yn ŵr o fri 18
Mae llais fy nghydwybod yn uchel lefaru 50
Mae newydd am Mynyddog – galarus 5
Mae'r had wedi cael ei hau 34
Mi glywais lais awdurdod 48
Nid yr arglwydd yn ei balas 20
Os digwydd iti golli'th waith 68
Pan dremiaf ar y wybren fry 30

Pe gallwn mi godwn y Cymry 12
Robert Owen, Gymro enwog – ydoedd 6
Roedd Hywel mewn cyfyngder mawr 58
Roedd Morgan yn fedrus ddigymar fel dyn 60
Roedd twrf ar y lan, a sŵn yn y glyn, ... 72
Trowch, wŷr, eich llygaid anllad draw. 56
Trysorau pennaf calon dyn 32
Tyred, Arglwydd Iôr, i lawr 42
Y Caethwas eisteddai ar flocyn o bren, ... 76
Y corwynt ysgythrog a ruthra drwy'r wlad 64
Y ddolen olaf rhyngwyf 43
Y frwydr ymladdwyd ar faes Waterloo 10

Ar gael hefyd o www.melinbapur.cymru:

Daniel Owen
Yr Ysmygwr:
Rhyddiaith Fer a Barddoniaeth

"Pa fath bobol, syr, ydach chi yn ein galw ni y Cymry? Slaves dienaid a di-ynni yr ydw i yn 'u galw nhw, yn diodde y pla yma ers oesoedd. Mi fyddaf yn synnu na fasen ni ers talwm wedi codi fel un gŵr i ymlid y lot ddiog hyn oddi ar ein porfeydd! Maent yn casáu ein hiaith, ac wedi gneud eu gorau i'n cael dan draed y Saeson, ac ar yr un pryd y maent yn bwyta braster ein gwlad a chynnyrch ein tiroedd
—a ninnau a'n llaw wrth ein het iddynt am neud hynny!"

Daniel Owen oedd awdur rhyddiaith bwysicaf ei oes. Er mai am ei nofelau y cofir ef yn bennaf, ysgrifennodd hefyd nifer o weithiau byrrach ar ffurf straeon byrion ac ysgrifau; roedd hefyd yn fardd achlysurol.

Casglwyd rhai o'r gweithiau hyn mewn cyfrol yn 1886 yn *Y Siswrn*, a brofodd yn un o gyhoeddiadau mwyaf poblogaidd y bedwaredd ganrif ar bymtheg. Mae'r gyfrol hon yn cynnwys holl gynnwys y gyfrol honno, gan gynnwys stori fer orau'r awdur, *Yr Ysmygwr*, ynghyd a nifer fawr o weithiau ychwanegol na chawsant eu cyhoeddi erioed o'r blaen ar ffurf cyfrol; hwn hefydyw'r casgliad mwyaf o a gyhoeddwyd erioed o farddoniaeth Daniel Owen.

Ar gael hefyd o www.melinbapur.cymru:

Semla Merbaum
Cerddi 1931-1941

"Rwyf am fyw...
Rwyf am chwerthin...
ac ymladd a charu a chasáu...
Nid wyf am farw. Na."

Ganed Selma Merbaum yn Czernowitz (heddiw Chernivtsi yn Wcráin) ym 1924. Gelwid Czernowitz yn "Klein Wien" (Fienna Fach) oherwydd yr amrywiaeth o ieithoedd a siaredid yno a chyfoeth bywyd diwylliannol y ddinas. Medrai Selma Almaeneg, Iddeweg a Rwmaneg, yr olaf oherwydd bod Bwcofina wedi'i roi i Rwmania ar ôl y Rhyfel Byd Cyntaf yn dilyn datgymalu'r ymerodraeth Awstro-Hwngaraidd. Bu farw yn 18 oed o deiffws ym 1942 yng ngwersyll llafur Mikhailowka dan reolaeth yr SS.

Ar ôl darganfod ei cherddi a chyhoeddi'r Blütenlese ('Cynhaeaf Blodau') yn Israel ym 1975, dechreuwyd cymryd diddordeb ynddo yn yr Almaen, ac erbyn hyn mae wedi'i gyfieithu i Iddeweg, Hebraeg, Saesneg, Iseldireg, Sbaeneg ac Wcraineg, ac wedi dod yn rhan o lenyddiaeth y byd.

Yn y llyfr hwn ceisiwyd trefnu'r cyfieithiadau yn gronolegol er mwyn dangos ei datblygiad fel bardd yn ystod cyfnod byr ei blodau.

MELIN BAPUR

Ar gael hefyd o www.melinbapur.cymru:

E. Prosser Rhys
Atgof a Cherddi Eraill

"Soniasom am y pethau ffôl na ŵyr
Ond llanciau gaffael ynddynt liw na gwres,
Y pethau a gerdd ar lanw eu gwaed fin hwyr,
A phorthi heb borthi'u blys; a'u tynnu'n nes."

Roedd Edward Prosser Rhys (1901-1945) yn fardd, newyddiadurwr a chyhoeddwr llyfrau wnaeth gyfraniad sylweddol i fywyd Cymraeg yn ystod ei fywyd cymharol fyr fel sefydlydd Gwasg Aberystwyth a'r Clwb Llyfrau Cymraeg.

Fel bardd, hwyrach y bydd yn parhau'n fwyaf adnabyddus am ei bryddest, Atgof, a enillodd iddo Goron Eisteddfod Genedlaethol 1924; cerdd a greodd gryn ddadlau oherwydd ei bod yn cynnwys portreadau di-gamsyniol o gyfathrach rywiol, gan gynnwys cyfeiriad di-amwys at gyfathrach rywiol rhwng dau ddyn. Fodd bynnag, dim ond un agwedd oedd hon ar feiddgarwch barddoniaeth y ffigwr pwysig hwn.

Dyma'r cyhoeddiad cyntaf o farddoniaeth Prosser Rhys ers yr 1940au. Mae'r rhagair estynedig gan Gareth-Evans Jones yn cyflwyno'r bardd ac yn gosod y cerddi yn eu cyd-destun.

www.melinbapur.cymru

Dilynwch ni ar:

X (@melinbapur)
Facebook (@melinbapur